지금 가고 있어

지금 🏃 가고 있어

지은이 | 이요셉
초판 발행 | 2019. 1. 9
2쇄 발행 | 2019. 1. 23
등록번호 | 제1988-000080호
등록된 곳 | 서울특별시 용산구 서빙고로 65길 38
발행처 | 사단법인 두란노서원
영업부 | 2078-3352 FAX | 080-749-3705
출판부 | 2078-3331

책값은 뒤표지에 있습니다.
ISBN 978-89-531-3371-6 03230

독자의 의견을 기다립니다.
tpress@duranno.com www.duranno.com

두란노서원은 바울 사도가 3차 전도여행 때 에베소에서 성령 받은 제자들을 따로 세워 하나님의 말씀으로 양육하던 장소입니다. 사도행전 19장 8-20절의 정신에 따라 첫째 목회자를 돕는 사역과 평신도를 훈련시키는 사역, 둘째 세계선교(TIM)와 문서선교(단행본·잡지) 사역, 셋째 예수문화 및 경배와 찬양 사역, 그리고 가정·상담 사역 등을 감당하고 있습니다. 1980년 12월 22일에 창립된 두란노서원은 주님 오실 때까지 이 사역들을 계속할 것입니다.

이요셉 지음

거리 위 아이들을 향한 양떼 목사의 마음

지금  가고 있어

두란노

추천사 6

서문 12

프롤로그 14

1. 복음을 듣기만 하는 세대 20

2. 복음의 시작은 희생이다 30

3. 복음은 사랑을 통해 증명된다 42

4. 세상과 교회의 간격 68

5. 무례와 배려 84

6. 책임을 회피하면 책망을 받는다 104

7. 전도 그리고 공동체 120

8. 사명자를 흔드는 시험들 158

9. 걸을 수 있는 이유 200

에필로그 224

"우리의 '트라우마'(trauma)가 예수라는 '케리그마'(kerygma)를 만나면 그리스도의 '스티그마'(stigma)가 된다"는 저자의 고백처럼 내 상처가 예수님으로 인해서 별이 되어 누군가를 비추는 삶이야말로 수지맞은 인생일 것입니다. 혼돈과 방황으로 길 위로 뛰쳐나온 아이들에게 진정한 길이 되신 예수님을 전하며 밑 빠진 독에 물 붓기 사랑을 하는 저자의 눈물 담긴 이 책을 추천합니다.

김양재(우리들교회 담임목사)

크리스마스이브에 저자로부터 원고를 건네받고 성탄절 하루 종일 온갖 감정의 소용돌이에 휩싸인 채 책을 읽었다. 아니, 책에 붙잡혀 하루를 보냈다는 게 더 정확한 표현이다. 내 평생 당일에 책 한 권을 모조리 읽은 경험은 어린 시절 만화를 빼 놓고 처음이지 싶다. 그만큼 강렬했다. 그만큼 감동적이었다. 그만큼 부끄러웠다.

젊은이들 표현대로 요즘 '폭망'하고 있는 한국 교회를 바라보며 예수를 믿는다는 게 과연 무엇일까, 제도 교회에 실망해서 '가나안 성도'의 길을 택하는 수많은 젊은이들의 발걸음을 돌이킬 방법이나 가능성이 있을까, 서양의 문제로 치부되던 '기독교 후기 시대'가 이미 현실이 되어 버린 우리에게 긍정적 미래를 소망할 여지가 아직 남아 있을까, 우리 몫의 개혁은 어떤 방법과 형태로 진행되어야 할까 등 무거운 질문들에 대한 상당한 해답과 힌트를 이 책에서 발견할 수 있었다.

저자는 젊은이들 중에서 청소년들, 청소년들 중에서도 이른바 '위기 청소년들'을 섬기는 사역자다. 그래서 대부분의 그리스도인들과는 무관해 보이는 책으로 오해받을 소지가 있는데, 결코 그렇지 않다고 자신 있게 말할 수 있다. 그리스도의 시선으로 위기 청소년들을 바라보는 눈, 그리스도의 심장으로 그들을 품는 가슴,

자기 십자가를 지고 그들의 고통스러운 현장으로 기꺼이 달려가
는 발, 배은망덕한 그들을 끝까지 포기하지 않고 벼랑 끝에서 내
미는 손이 이분법과 도그마의 수렁에 빠진 현대 교회에 대한 성
경적 해법을 존재와 삶으로 제시한다.

　한국 교회의 현실을 염려하며 바람직한 미래를 고민하는 모든
그리스도인들과 사역자들에게 이 책을 강추한다.

　　　　정민영 선교사(전 국제위클리프[Wycliffe Global Alliance] 부대표)

청소년 코스타에서 이요셉 목사의 명설교는 대부분 부모의 선택
때문에 해외 디아스포라가 되어 살아가는 청소년들의 가슴을 송
두리째 흔들었습니다. 우리의 생각과 하나님의 생각은 하늘이 땅
보다 높음처럼, 우리의 계획과 하나님의 계획은 동이 서에서 먼
것처럼 다르기에, '나는 누구이며 지금 어디에 있는가?' 하는 수
많은 질문과 심지어 혼동 및 불평 속에 있는 청소년들에게 하나
님은 그분의 커다란 계획과 기대를 안고 그들을 신실하게 이끌고

계심을 믿게 해 주었습니다.

　이요셉 목사는 볼수록 매력이 있는 사람입니다. 그는 행동하는 설교자입니다. 그의 설교는 그의 치열한 삶의 이야기 속에서 나옵니다. 동시에 그는 말씀을 말씀 되게 전달하고자 몸부림치고 있습니다. 거친 청소년들 사이를 거닐며 살아가지만 한국의 잃어버린 옛 영성과 선배들의 신앙 전통을 몸에 지니고 있습니다. 이번에 그의 사역 이야기를 일기처럼 적어 내려간 《지금 가고 있어》가 나오게 되어 너무도 기쁩니다. 이 책이 한 젊은 사역자의 이야기가 아니라, 하나님이 각자에게 허락하신 목회와 삶의 전선에서 치열하게 살아갈 소망을 주는 힘으로 한국 교회와 청소년들에게 읽히기를 바랍니다.

유임근 목사(KOSTA 국제 총무)

기독교 윤리학에서 강조하는 '그리스도인의 타자성'이라는 말이 있다. 예수 믿는 사람은 다른 사람을 위해 살아야 한다는 의미인

데, 그 가운데 희생이 있고, 사랑이 있고, 섬김이 있다.《지금 가고
있어》에는 특별하지 않지만 찾기 어려운 청년 목회자의 삶이 녹
아 있다. 특별하지 않은 이유는 복음의 능력으로 충분히 가능한
일이기 때문이고, 찾기 어렵다는 말은 '희생'에 가치를 두고 살아
가는 그리스도인이 부족한 시대기 때문이다. 허리를 굽히지 않으
면 절대 볼 수 없는 곳, 그곳을 바라보는 이요셉 목사의 시선을 따
라가다 복음주의의 대표 작가라 할 수 있는 필립 얀시가 생각났
다. 그가 강조하는 말 또한 세상을 향한 '태도와 평판'이기 때문이
다. 이 책에는 세상을 향해 비추어 주어야 할 그리스도인의 '태도'
가 있고, 이 책은 또한 세상으로부터 충분히 들을 수 있는 '평판'
을 예상케 한다. 그래서 이요셉 목사의 사역을 응원하며 하나님에
게 감사를 드린다. 목회자와 청년, 청소년들이 이 책을 보고 그리
스도인들이 가장 아름다울 때가 언제인지 한번 생각해 보는 계기
가 되었으면 한다.

김상철 감독(〈제자 옥한흠〉, 〈잊혀진 가방〉)

"지금 가고 있어, 조금만 기다려." 원고를 읽는 내내 이요셉 목사의 이 짧은 한마디가 길 위의 청소년들에게 얼마나 든든한 목소리가 되었을지 상상해 보았습니다. 복음의 은혜를 입은 자만이 복음이 필요한 자들이 보입니다. 복음의 빛이 있음을 가슴에 새긴 영혼만이 사랑과 헌신의 수고를 마다하지 않습니다. 그 복음의 생생한 현장이 우리를 전율케 합니다. 길 위의 아이들을 향한 저자의 고백은 복음의 은혜를 입은 성도들의 마음을 다시금 뜨겁게 합니다. 길 위의 아이들에게 성령의 바람이 이 책을 통해 불어가길 기도합니다.

이재훈 목사(온누리교회 담임)

전혀 예정되지 않았던 위기 청소년들이 내 삶에 들어오기 시작했다. 그들을 만나 함께 울고 웃으며, 또 함께 걸으며 내가 왜 이 자리에 서 있는지, 왜 이 일을 해야 하는지, 도대체 왜 버티고 서 있는지 끊임없이 되물어보았다. 그리고 그에 대한 대답은 '복음을 전하기 위해서'였다.

복음을 전하기 원했던 내 삶 속에 하나님이 만나게 하신 영혼이 위기 청소년이었지, 애초에 내 안에 위기 청소년 사역을 위한 열정이 있었다거나 그 방향으로 삶의 계획을 세웠던 것은 아니었다. 많은 이들이 나를 보며 위기 청소년과 나의 이야기를 꿈꾼다. 그러나 나는 예수 그리스도와 나의 이야기를 전한다. 위기 청소년들과 나의 사역은 그 한 부분에 지나지 않기 때문이다.

지면을 빌려 부족하나마 감사한 마음을 전하고자 한다. 언제나 마음 다해 지지해 주시는 나의 어머니, 묵묵히 곁을 지키며 사랑의 책임을 다하는 사랑하는 아내, 하나님을 더 깊이 알게 해 준 나의 사랑둥이 열매 예린, 효린, 환영이, 그리고 하나님의 품 안에서 여전히 나의 자랑을 하고 계실 나의 아버지에게 감사의 인사를 드린다. 그 밖의 가족 분들과 기도 후원자 분들 그리고 함께 걷는 동역자들과 여전히 사고 칠 기회를 엿보고 있는 사랑하는 양떼들에게도 고마운 마음을 전한다. 하나님이 다 받으시고 남은 영광의 부스러기가 있다면 그것을 당신들께 감사의 마음으로 전한다.

이 책을 통해 나는 독자들과 예수 그리스도와의 또 다른 이야기가 시작되길 소망한다. 각자가 만난 그 위대하신 하나님, 각자의 그 이야기들을 통해 더 크고 더 위대한 하나님 나라가 세워지길 깊이 소망한다.

2019년 1월

이요셉 목사

새벽 1시, 어김없이 스마트폰에서 SNS 메시지가 울린다.

"아빠, 어디야? 나 지금 집 나와서 힘들어 죽겠어. ○○이랑 같이 있으니까 빨리 여기로 와. 배고파."

양떼 커뮤니티에 소속된 딸아이의 메시지다. 이 시간이면 어김없이 울리는 양떼 아이들의 메시지에 나는 매번 멍한 눈으로 바라보며 갈등한다.

'오늘 하루만 그냥 잘까? 아니면 아프다고 할까? 오늘은 지방에 설교하러 왔다고 이야기할까?'

이렇게 나가지 않을 핑곗거리를 생각하고 있으면 SNS로 무료 전화가 걸려온다. 이 전화는 받을 때까지 계속 걸려오는 끈질긴 전화다. 나는 한숨을 푹 쉬며 벗었던 옷을 다시 입고는 녀석들의 전화를 받으며 이야기한다.

"아빠, 지금 가고 있으니까 조금만 기다려."

그러고는 녀석들이 있는 술집 거리로 향한다. 도착한 곳은 늦은 저녁 시간에서야 문을 여는 허름한 고깃집. 추운 날씨와 위험한 새벽 시간대임에도 불구하고 녀석들은 문신을 한 허벅지가 훤히 드러나는 짧은 미니스커트를 입고는 나를 반긴다.

"아빠, 왜 이렇게 늦었어? 얼마나 기다렸는데. 배고파 죽는 줄 알았어."

그러면서 내 앞으로 숟가락과 젓가락을 챙겨 준다. 내가 자리에 앉는 것을 확인한 녀석들은 내 의사와 상관없이 고기를 잔뜩 시키며, 이 고기가 하루의 첫 끼라는 사실 또한 강조한다.

녀석들은 '가정 밖 청소년', 혹은 '위기 청소년'이라 불리는 아이들이다. 사람들은 대개 가출 청소년들이 놀기 좋아해서, 혹은 집이 싫어서 가출하는 줄 알고 있다. 하지만 가까이에서 지켜 보면 대부분 살기 위해 집을 나온다는 것을 알게 된다. 친족 성폭력

및 가정 폭력과 부모들의 극단적 이기주의 그리고 철저한 무관심에 의한 방치 등으로 스스로 살기 위해 도망쳐 나온 것이다.

그렇게 가정을 나온 녀석들 중에 여자아이들은 특히 더 위험한 세상의 모퉁이 속으로 들어가게 된다. 내 앞에 있는 아이들 또한 그러한 위험에 노출된 이들이었다. 녀석들은 고기를 주문하고는 나에게 못다 한 이야기들을 재잘대기 시작한다.

"아빠, ○○ 알지? 그 애 지금 소년원 들어갔어. 그렇게 애들 패더니 결국엔 들어갔네."

"저번에 봤던 □□는 지금 낙태하고 남자 친구 집에서 요양하고 있어."

"△△는 보도(노래방 도우미) 뛴다고 업소 잘못 골라서 지금 밖으로 나오지도 못하고 몸만 굴리고 있고."

아무렇지 않은 듯 재잘대는데 하나같이 자극적이며 충분히 놀랄 만한 내용들이다. 식사를 마치고 카페로 자리를 옮기면 대화의 내용은 더욱더 심각해진다. 삶의 현장에서 발생하는 사건이나 남자 친구 또는 동거인에 대한 이야기, 불우한 가정사에 관한 이야기 등을 온갖 음담패설과 욕설을 섞어 가며 거침없이 내뱉는다. 주제는 다양해도 늘 주위의 시선과 이목을 한눈에 받게 된다는 공통점이 있다.

사람들의 따가운 시선조차 익숙한 듯 아무렇지 않게 녀석들과 대화를 마친 후, 아이들 손에 용돈 조금 쥐어 돌려보내고 나면 어느새 6시, 해가 제법 많이 떠오르는 아침의 시간이다. 홀로 집으로 돌아오는 이 새벽길 위에서 나는 스스로의 삶의 현장에 한 번씩 놀라곤 한다. 사역자의 이름으로는 도저히 갈 수 없는 곳을, 사역자들이 거닐 수 없는 시간에, 그리스도인의 이름으로는 만나기 힘든 아이들과 매일같이 만나 거닐고 있으니, 나 또한 어떻게 여기까지 왔는지 의문이 들 때가 있다.

　나는 많은 위기 청소년들을 만나 관계를 쌓아 가며 그들과 함께 살아가고 있다. 소년원 출신 아이들, 성매매 업소에 다니는 아이들, 생활관 출신이라고 표현되는 조직폭력배 비슷한 활동을 하는 아이들, 혹은 동성애를 하거나 정신 질환에 걸려 자해, 자살 시도를 하는 아이들까지, 참 많은 아이들과 함께 하나님을 알아 가는 중이다. 물론 많이 아프고 힘들다. 정말 창피한 말이지만, 하나님 원망도 많이 했었다. 눈물과 원통함으로, 또는 포기와 낙관으로 오기를 부린 적도 있었다. 하지만, 그럼에도 불구하고 포기할 수 없었던 한 가지 이유는 복음이다. 복음을 전해야 하기 때문이다. 삶의 어떤 자극이나 충격으로도 변화되지 않았던 아이들이 예수 그리스도를 만나면서 변화되는 모습 자체가 나에겐 무엇보다 큰 사역의 당위성이 되었다.

변화는 예수 그리스도를 믿음으로 일어나는 현상이다. 결코 다른 어떠한 것들로는 본질적인 변화가 일어나지 않는다. 나는 이것을 분명히 보았고, 체험하며 살아간다. 그러기에 복음만이 살리는 능력이며, 복음만이 변화와 회복의 원천임을 확신한다. 나는 이론적이고 학습적인 복음이 아닌, 삶 속에 실재하는 복음의 그 위대한 능력이 우리 모두의 삶에 임하기를 소망한다.

1. 복음을 듣기만 하는 세대

왜 이 시대의 다음세대들에게는 복음에 대한 열정이 사라졌는가?

내가 볼 때는 너무 많이 듣기만 해서다.

부모님께 들었기에 부모님의 예수는 있다.

선생님께 들었기에 선생님의 구주는 존재한다.

목사님, 전도사님들에게 늘 들어 왔기에 그들의 구원자는 존재한다.

그런데 정작 내가 만나고 인격적으로 경험한 예수는 어디에도 없다.

새벽에 아이들을 만나기 위해 곳곳에 있는 술집 거리를 다니다 보면 익숙한 장면들을 보게 된다. 바로 술을 마시는 사람들의 모습이다. 그들의 모습을 가만히 지켜보면 똑같은 술을 마시지만 그 반응은 전혀 다르다는 것을 알 수 있다. 어떤 이들은 웃고 있는데, 어떤 이들은 울고 있다. 어떤 이들은 서로 친목을 도모하며 잔을 부딪치고 있는데, 어떤 이들은 서로 싸우며 다투고 있다. 또한 어떤 이들은 술김에 이별을 하고, 어떤 이들은 술김에 사랑을 한다. 그러한 모습을 보면서 세속의 삶이나 유흥, 또는 아픔에 대해 묵상해야 하건만, 나는 왠지 복음의 능력을 잃은 그리스도인에 대해 묵상하게 된다.

그리스도인은 누구인가? 그리스도인은 어떤 사람인가? 과연 복음은 이곳에도 유효한가? 같은 현상 앞에서 정반대의 반응을 보이는 모습들과 더불어 밤인 듯 낮인 듯 모호하게 흘러가는 이 새벽의 시간이 절대적 진리와 기준이 사라진 애매모호함을 즐기는 세대의 모습 같아 마음이 착잡해진다. 분명 내가 있는 이 세계는 내가 사는 이 시대를 반영하고 있기 때문이다.

아는 것과 믿는 것

이 현장에 그리스도인이라 이야기하는 이들은 어디 있는가? 이들은 모두 교회나 복음을 전혀 접해 보지 못한 이들일까? 결코 그렇지 않을 것이다. 만연하지만, 만연하기에 진정한 의미를 모르는 것들이 존재한다. 중요하기에 많이 들었지만, 많이 들음으로 인해서 중요한 것을 잊게 되는 것들이 분명히 존재한다. 이 시대의 그리스도인들에게는 복음이 그러한 것들 중 하나다.

위기 청소년 사역을 감당하면서 많은 교회와 캠프 집회에서 강의를 하게 되었다. 다음세대, 특별히 청소년이나 청년들을 대상으로 설교할 때마다 나는 항상 복음을 우선적으로 전한다. 그들이 복음을 못 들었으리라 생각지는 않는다. 다만, 복음을 들어 본 적이 없거나 복음에 심한 반감을 가진 위기 청소년들에게 줄 수 있는 것이라고는 내가 가진 복음이 전부였기에, 그것을 계속해서 전하다 보니 복음이 나의 가장 큰 무기가 되었다. 그러다 보니 예수 그리스도의 십자가의 구속하심과 부활하심, 그리고 하나님 나라에 대한 이야기가 나의 설교의 주된 내용일 수밖에 없고, 나는 어디서든 복음이라는 주제로 그렇게 설교하고 있다.

그런데 놀라운 사실은, 교회 생활이 익숙한 다음세대들에게 복음을 전하는 데 있어 가장 크게 방해 되는 것이 바로 복음이라는 것이다. 너무 많이 들어서, 이미 다 알고 있어서 익숙한 것만큼 신앙생활에 치명적인 위험이 또 있을까? 물론 아는 것 자체가 위험한 것은 아니지만, 익숙함에서 비롯되는 신앙적 나태와 무기력은 분명 우리가 경계해야 할 자세 중 하나다.

왜 이 시대의 다음세대들에게는 복음에 대한 열정이 사라졌는가? 내가 볼 때는 너무 많이 듣기만 해서다. 부모님께 들었기에 부모님의 예수는 있다. 선생님께 들었기에 선생님의 구주는 존재한다. 목사님, 전도사님들에게 늘 들어 왔기에 그들의 구원자는 존재한다. 그런데 정작 내가 만나고 인격적으로 경험한 예수는 어디에도 없다. 예수를 만났다는 것이 비단 신비한 체험만을 의미하는 것은 아니다. 예수 그리스도를 삶의 구원자요, 주인으로 인정하며 매순간 그분과 인격적인 교제를 나누는 것이다.

정작 내가 만난 예수는 없는데, 이 없는 예수를 있게끔 착각하게 만들어 주는 것이 많이 듣게만 하는 것이다. 그러니 신앙과 세상의 유익, 복음과 세속적 재미의 중간 지점에서 애매한 끈들을 잡고 있는 것이다. 하지만 기억해야 할 것이 있다. 아는 것과 믿는 것은 다르다는 것이다. 우리는 많이 들어 아는 것을 믿음으로 착각해서는 안 된다. 무엇보다 이 착각을 다음세대들에게 물려줘서는 안 된다.

복음은 나를 창조하고 구원하신 그리스도를 세상에 증거하는 것이다. 여기서 증거는 예수 그리스도를 만난 증인들의 고백이며, 증인은 자기가 직접 보고, 듣고, 체험한 사람을 일컫는다. 그리고 성경은 이 증인들을 가리켜 제자라고 이야기한다. 우리는 단순히 그리스도인이라는 이름에 만족하는 경향이 있다. 그러나 주님은 우리를 당신의 제자로 부르셨다. 더 나아가, 주님은 우리가 복음을 전해서 또 다른 제자들을 길러 내기 원하신다.

내가 소위 위기 청소년이라 불리는 이들에게 소망을 갖게 된 이유는 이러함에 있다. 이들에게 있어 예수는 삶의 반경에서 처음 들어 보는 생소한 이름이고, 그리스도의 사랑은 자라 오면서 배운 세상의 문화와는 전혀 다른 충격적인 선포다. 진리의 선포를 경험해 보지 못한 이들에게 복음은 실제 엄청난 메리트로 작용한다. 이 작용은 어떤 것으로도 끊을 수 없던 중독적인 것들을 끊게 하고 시도하지 못했던 일들을 하게 해서, 결국에는 삶을 변화시키는 원동력이 된다.

작은 변화에 소망을 품다

토요일 저녁 7시, 이 시간은 많은 위기 청소년들이 친구들과 술을 마시기 위해 모이는 시간이다. 파괴된 가정에서 홀로된 부모나 조부모의 돌봄 가운데 커 온 녀석들은 어른들의 술잔에 익숙해져 있다. 보고 자란 대로 그들도 술과 함께 삶을 살아간다. 그러다 보니 양떼 예배 시간은 술자리와의 전쟁이라 해도 과언이 아니다. 녀석들은 술자리에 가는 것과 예배 시간 사이에서 고민을 한다.

어느 날엔가 양떼 예배 시간이 되어 예배를 시작했다. 예배는 전도사님의 찬양과 나의 설교로 이루어진다. 설교 막바지에 다다랐을 때 계단에서 웅성거리는 소리가 들리더니 대여섯 명의 아이들이 예배당으로 우르르 쏟아져 들어왔다. 그런데 녀석들의 상태가 가관이다. 얼굴은 시뻘겋게 술에 절어 있고 절뚝이는 다리에서는 어디선가 다친 듯 피가 철철 흐르는데, 녀석들 몸의 곳곳이 피와 멍으로 얼룩덜룩했다. 예배 중이라 못 본 척 설교를 계속하면서 전도사님에게 눈짓을 하니 전도사님이 아이들을 식당으로 데려가 다친 다리를 치료해 준다. 예배를 마치고 급히 녀석들에게 다가가 물었다.

"괜찮아? 어쩌다가 이렇게 됐어?"

"저희끼리 술 마시다가 예배 시간 돼 가지고 오토바이 타고 오다가 요 앞에서 자빠졌어요. 괜찮아요."

녀석들의 이야기를 듣는데 갑자기 화가 치밀었다.

"야, 이 놈들아. 술 마셨으면 걸어오든가 택시 타고 오든가, 아니면 그냥 오질 말든가 하지, 이게 뭐 하는 짓이냐? 마음 아프게."

그때 녀석들의 대답이 아직까지도 내 마음에 깊은 여운으로 남아 있다.

"무슨 소리에요. 예배는 무조건 와야죠! 예배에 늦는 게 미안해서 빨리 오려다가 진짜 요 앞에서 그런 거예요. 괜찮아요. 저희는 일주일에 이날만 기다려요. 교회 오니까 진짜 마음이 편하고 좋아요. 걱정 마세요."

내가 보기에 녀석들은 교회에 잘 정착한 어떤 이들보다도 복음에 민감하게 반응하고 있었다. 비록 신앙생활이나 교회 문화는 잘 모르지만, 아직 어린아이 같은 신앙에 삶의 모습은 투박하기 이를 데 없지만, 예배 때마다 선포되는 복음이 녀석들의 삶 곳곳에서 두드러지게 나타나고 있었다.

설교만 듣는 신앙은 종결돼야 한다. 좀 덜 듣더라도 이제 선포되어진 그 복음을 삶에서 붙잡기 위해 치열하게 싸워 보기도 하고, 넘어지거나 다쳐 보기도 하면서, 다시 예수를 붙잡고 일어나려는 노력과 그 피 흘림의 처절함을 통해 삶 속에 능력이 나타나는 세대들이 나와야 한다.

다음세대는 미래가 없다는 말들이 여기저기서 들려온다. 하지만 나는 여전히 소망을 이야기하고 싶다. 함께 생활하는 아이들에게서 희망이 엿보이기 때문이다. 아직은 거칠고 단단하게 여물지 못해 쉽게 부서질 것 같지만, 그 작은 믿음이 쉽게 무너져 내릴 것 같지만, 그럼에도 조금씩 변해 가는 모습을 보며 나는 복음의 놀라운 능력을 경험하고 있다.

복음을 알지 못하는 세상에는 소망이 없다. 미래가 없다. 하지만 우리에게는 복음이 있다. 나는 이 복음을 다음세대들에게, 무엇보다 내가 정말 아끼고 사랑하는 위기 청소년들에게 꼭 전해 주고 싶다. 이 일을 위해 나는 오늘도 위기 청소년들을 만나러 술집 거리로 향한다.

복음방 사역 일지

- 2015년 3월 28일 -

양떼 예배에 최초로 헌금이 들어온 적이 있었다. 교회를 알지도 못하고 다닌 적도 없는 녀석들이 교회에 와서 부담 없이 놀았는데, 놀다 보니 헌금 봉투가 보였나 보다. 한 녀석이 갑자기 감사 헌금 봉투를 가지고 오더니 주머니를 탈탈 털어서 10원짜리까지 전부 넣어 버렸다. 그러면서 같이 놀았던 또래 친구들에게 들으란 듯이 큰 소리로 이야기했다.

"나쁜 놈의 자식들이 말이야. 교회에 왔으면 헌금을 해야지. 맨날 처먹기만 하고, 목사님 영업에 지장이나 주고 말이야."

자신은 헌금했다며 잔뜩 기세가 올라 다른 친구들을 향해 정죄하는 녀석에게 이야기했다.

"인마, 감사 헌금을 내려면 감사한 것을 적어야지. 거기에 감사한 거 적는 거야."

내 말에 녀석은 심각하게 고민하더니, 볼펜을 들고 와서 감사 헌금 봉투에 이렇게 적었다.

"오늘 예쁜 누나를 만나게 해 주셔서 감사합니다. 이 누나랑 결혼하게 해 주세요."

녀석이 말한 예쁜 누나는 외부에서 가끔 와 양떼 예배 시간에 한 번씩 반주를 해 주는 자매였다. 비록 그 예쁘다는 누나는 녀석에게 전혀 관심이 없었지만, 만나게 해 주신 것만으로도 감사해하는 녀석의 믿음이란….

헌금을 냈으니 헌금 기도를 해야 했다. 그렇게 양떼 예배 시간에 생전 처음으로 헌금 기도를 드렸다. 끝나고 헌금 계수를 하는데 녀석이 낸 헌금은 쓸 것 다 쓰고 할 것 다 하고 남은 1,070원이었다. 이 돈을 바라보며 한참을 생각했다. 하나님이 과연 이 헌금을 받으셨을까? 녀석이 낸 헌금은 모태신앙으로 그리고 목회자 자녀로 자라 오면서 배웠던 나의 헌금 개념과는 너무나도 달랐다.

'헌금은 하나님에게 드리는 예물이니 온 마음과 정성을 다해서 드려야 하며, 돈을 사용하기 이전에 헌금부터 먼저 따로 떼어 놓아야 한다.' 늘 듣던 헌금에 대한 개념으로 바라본 1,070원은 도저히 거룩한 헌금이 아니었다. 그렇게 고민하다가 헌금을 한 녀석을 가만히 바라보았다. 그리고 내가 알고 있는 녀석의 삶을 그려 보았다. 그랬더니 놀랍게도 녀석의 삶에서 1,070원은 생각보다 값진 돈이었다. 빵이나 컵라면을 사 먹거나 PC방에서 한 시간 동안 게임을 할 수 있는 돈이었다. 소주 한 병을 살 수 있고, 네 번만 모으면 담배 한 갑을 살 수도 있는 돈이었다.

과부의 전재산인 두 렙돈을 받으셨던 주님이 쓰다가 남아 봉투에 투박하게 넣어 버린 이 마음 또한 받으셨을 것이라는 확신이 들었다. 나 또한 네 살 된 막내아들이 한참을 먹다가 내 입에 넣어 준 침 범벅 아이스크림을 넙죽 받아먹으면서 그 녀석을 사랑스럽게 여겼던 것이 기억났기 때문이다.

우리가 드리는 이 예배 시간도 마찬가지다. 대부분의 아이들이 삶에서 쓰다가, 놀다가 남은 시간으로 온 예배다. 그러나 이곳에 유난히 은혜와 기쁨이 넘치는 이유는, 이곳의 아이들이 아직 예수 그리스도를 잘 모르는 어린아이 같은 녀석들이기 때문일 것이다. 이 헌금과 이 시간을 주님은 분명 기쁘게 받으셨을 것이다.

2. 복음의 시작은 희생이다

이 시대의 복음은 입으로 전해서 귀를 때려야 하는 것이 아니라,

삶으로 전해서 가슴을 때려야 한다.

지금처럼 예수 이외의 각자 기뻐할 소식이 많은 세대는

원초적이고 원시적인 복음을 제시해야 하는데,

이는 결국 삶으로 복음을 보여야 한다는 것을 의미한다.

복음을 전하는 것은 기쁘고 행복한 일이다. 복음 그 자체에 세상
의 어떤 것으로도 누릴 수 없는 위로와 회복, 즐거움이 있기 때문
이다. 이 세상 모든 것들은 다 사라지고 없어지지만, 복음은 태초
이전부터 종말 이후까지도 영원하며 변하지 않을 놀라운 유일의
진리다. 하나 이 기쁜 소식인 예수를 전하는 것의 시작은 그리 녹
록하지 않다. 복음이 삶에서 회복이 되어 한 영혼을 변화시키고
그를 둘러싼 수많은 이들에게 능력으로 자리 잡는 것의 시작은
복음을 전하는 이의 자기희생과 직결되기 때문이다.

세상이 보기 원하는 것을 보이라

전도를 생각할 때 가장 먼저 떠오르는 이미지는 노방 전도다. 많은 교회들이 교회 이름이 새겨진 띠를 두르고 거리에서 크게 찬양하고 외치며 교회 홍보가 가득한 전도지를 뿌린다. 마치 그것이 복음 전파의 최선이라고 생각하는 것처럼 말이다. 하지만 현장에서 바라본 복음은 꼭 그렇지만은 않다. 특별히 지금 이 세대는 더욱 그렇다. 언젠가 새벽 술집 거리에서 아이들을 만나 고기를 사먹이고 함께 카페로 가는 길에 그렇게 거리에서 전도하는 이들을 만난 적이 있다. 새벽 시간에 나와 전도를 하는 것이 어찌 보면 대단해 보이지만, 그것을 표면적으로 바라보는 이 시대 사람들의 눈에는 그들이 어떻게 비칠까? 그때 아이들이 했던 이야기가 귓가에 맴돈다.

"목사님, 저기 영업하는 사람들은 교회에서 돈 받고 하는 거예요?"

"아니, 저건 영업이 아니라 전도라고 하는 거야."

"클럽 삐끼랑 저거랑 뭐가 달라요? 클럽 오라고 명함 돌리는 거랑 교회 오라고 명함 돌리는 거랑 똑같은데요?"

"저 사람들 진짜 시끄러워요. 교회고 나발이고 조용히 좀 하지, 진짜 예의나 좀 지켰으면 좋겠어요."

"저거 듣고 교회 가는 사람이 있나요?"

이 사건은 나름 교회에서 자랐고 거리 전도에도 익숙하던 나에게 큰 충격을 안겨 주었다. 물론 전부 나쁘고 악하다고 이야기할 수는 없다. 신학적으로나 신앙적으로 선포되어진 복음은 그 자체로 능력이 있어 강권하심이 있음을 알고 있다. 하지만 그렇게 길에서 전하는 복음은 듣는 이들이 아닌 전하는 이들이 중심이 된다는 것을 알아야 한다. 복음을 전하는 이의 신앙의 확고함이나 담대함은 생길 수 있겠지만, 과연 듣는 이들이 그것을 진정한 복음으로 받아들이는가에 대해서는 충분히 생각해 보아야 한다. 어떤 이들은 받아들이지 않는 것을 사탄의 방해 때문이라고 이야기하지만, 과연 사람들 마음에 일어나는 반발심을 사탄의 방해 공작으로만 치부할 수 있을까?

현장에서 복음을 전하는 이의 입장에서 확신하건대, 이 시대의 복음은 입으로 전해서 귀를 때려야 하는 것이 아니라, 삶으로 전해서 가슴을 때려야 한다. 지금처럼 예수 이외의 각자 기뻐할 소식이 많은 세대는 원초적이고 원시적인 복음을 제시해야 하는데, 이는 결국 삶으로 복음을 보여야 한다는 것을 의미한다. 그렇다면 세상은 그리스도인의 어떤 삶을 통해 복음을 체험하고 접하게 되는가? 세상 방법으로는 도저히 할 수 없는 것들을 예수 믿는 이들이 예수의 방법으로 해낼 때, 세상의 가치와 물질 사상이 만연한 곳에서 예수 믿는 이들이 예수의 가치와 예수의 길로 살아낼 때,

이를 통해 복음이 증거된다.

결국 세상이 보기 원하는 것은 그리스도인들의 복음을 위한 자기희생적인 삶이다. 이 희생적인 삶의 요구는 성경에도 분명하게 기록되어 있다.

"예수께서 대답하여 이르시되 인자가 영광을 얻을 때가 왔도다 내가 진실로 진실로 너희에게 이르노니 한 알의 밀이 땅에 떨어져 죽지 아니하면 한 알 그대로 있고 죽으면 많은 열매를 맺느니라 자기의 생명을 사랑하는 자는 잃어버릴 것이요 이 세상에서 자기의 생명을 미워하는 자는 영생하도록 보전하리라"(요 12:23-25).

어떻게 자신의 죽음을 이야기하면서 그 죽음 가운데 나타날 영광을 말씀하실 수 있을까? 어떻게 자신의 죽음을 이야기하면서 타인에게 철저히 희생해야 할 것을 요구하실까? 분명 이것이 세상 가운데 나타난 복음의 구조이며 능력일 것이다. 그리스도의 십자가 사랑으로 인한 그 희생을 통해 대속의 제물로 모든 인류를 구원하신 사건 말이다.

세상은 희생을 패배라 이야기한다. 하지만 복음은 그리스도의 희생으로부터 시작되었으니, 예수를 믿으며 살아가는 우리 또한 삶 속에서 자기희생을 감당해야 함은 분명한 사실이다. 그렇기에 복음은 '회복되길 원하나이다'가 아니라 '죽기를 원하나이다'가 맞을 것이다. 그리스도의 구속이 세상 가운데 증명되어지는 방법은 희생밖에 없기 때문이다.

희생으로 전해지는 복음

복음 선포의 시작점에 희생이 있다는 것은 개인에게만 적용되는 이야기가 아니다. 교회 또한 세상을 향해 복음을 전하기 위해서는 희생을 감수해야 한다. 교회가 예수 믿는 자만이 올 수 있는, 혹은 그곳에 익숙한 사람들만이 올 수 있는 우리들만의 리그가 되어 버린다면, 그곳에서는 그 어떤 복음의 능력도 나타나지 않을 것이다. 내가 '양떼 커뮤니티'라는 선교 단체를 시작하게 된 배경도 여기에 있다.

일찍 결혼한 나는 이십 대 초중반의 나이에 서울 한 교회의 전임 전도사로 부르심을 받았다. 청소년부와 청년부, 예배 팀과 그밖의 교회 행정을 감당하면서 교회의 많은 일들을 도맡아 하게 되었다. 최선을 다해 섬기다 보니 나름 교회 공동체에서 인정받고 칭찬받는 사역자가 되어 있었다.

그러던 어느 날, 새벽 시간에 교회의 잠긴 문을 따고 들어와 본

당에서 술 파티를 벌이고 잠이 든 가출 청소년들과 지하 주차장에 모여 담배를 피우는 지역의 위기 청소년들을 만나게 되었다. 일주일에 서너 번은 교회 문을 따고 들어와 술판을 벌이고는 서로 부둥켜안은 채 자고 있는 아이들, 시도 때도 없이 지하 주차장에서 담배를 피워 대 아무리 치워도 산처럼 쌓이는 담배꽁초와 불법으로 주차된 오토바이들, 그리고 그것을 언짢게 여기며 나를 닦달하시는 어른들…. 그 사이에서 나는 무엇이 옳은 것인지, 교회는 이들에게 어떤 의미로 다가가야 하는지를 참 많이 고민했었다.

처음에는 교회를 지키려는 목적으로 아이들을 내쫓고, 교회 문의 비밀번호를 바꾸고, 자물쇠도 여러 개 채워 더 단단히 문을 걸어 잠갔다. 아이들이 담배를 많이 피우는 계단 밑 어두컴컴한 창고 입구는 철창으로 막고, 지하 주차장에도 자동 셔터 문을 달아 교인이 아닌 사람들은 들어오지 못하게 했다. 그렇게 철저히 방어를 하면서 교인들만을 위한 교회의 모습을 만들어 가고 있었다. 그러던 어느 날, 심방을 마치고 돌아오는 차 안 운전석에서 교회를 바라보는데 그 모습이 흡사 감옥처럼 보였다. 철창과 자물쇠, 자동 셔터 문으로 굳게 닫힌 모습을 보니 마치 주님이 감옥에 갇혀 계신 기분이 들었다. 과연 복음의 능력이란 무엇인가? 교회에 속한 교인들만이 누릴 수 있는 일종의 특권 같은 것인가?

오랜 근심과 고민 끝에 교회에 오는 녀석들을 내쫓지 않고 품기로 결단했다. 이것은 내 개인의 결단이었고, 이 결단의 첫 단추는 단연 손해와 희생이었다. 새벽에 술에 절어 오는 녀석들을 일일이 깨워서 교회 앞 24시간 국밥집으로 끌고 가 밥을 먹이기 시작했고, 담배 피우는 녀석들에게 다가가 말을 걸며 재떨이를 만들어 주었다. 그렇게 마음을 열고 다가가니 주일 아침 청소년부 예배에 술에 만취한 녀석들이 발을 들이기 시작했고, 교회는 기존의 청소년들보다 위기 청소년들, 가출 청소년들이 더 많아지기 시작했다. 비록 느리고 미숙하게 흘러갔지만 그들에게도 복음이 전해진 것이다. 교회와 예수와 신앙을 철저히 무시했던, 아니 어쩌면 혐오했던 녀석들이 교회에 다니기 시작하면서 조금씩 예수님을 알아 가고, 그러면서 그들의 삶에 조그마한 파동이 일어나기 시작했다. 그 녀석들은 현재 예배 팀, 영상 팀, 전도 팀 안에서 복음을 전하는 교회의 가장 중추적인 일꾼들로 각자 맡겨진 사명을 감당하고 있다.

고차원적인 희생을 추구하라

복음의 시작은 희생의 첫걸음이다. 우리는 그 희생을 감당하며 살아야 한다. 희생은 '목적을 위해 자신이나 자신의 소유 등을 바치거나 포기하는 것'을 의미한다. 우리는 '복음'이라는 유일의 가치를 전하는 목적을 가진 그리스도인이다. 그렇다면 그 유일의 가치를 위해 세상의 일시적인 것들을 포기할 수 있어야 한다. 그러나 이 포기, 즉 희생은 한 번의 결단으로 끝나는 것이 아니다. 복음을 전하는 사람은 매순간 자신의 삶을 포기하고 희생해야 하는 상황과 일들을 만난다.

그러한 아픔의 시간들을 지날 때 우리가 취할 수 있는 자세는 두 가지다. 첫째는, 저차원적인 희생의 자세다. 이것은 '내 것을 전부 포기하는 것으로 인식하는 것', 곧 내 시간, 나의 몸, 내 물질, 내 가정, 내 생명을 하나님에게 전부 내어 드리는 것이다. 내게 있어 귀한 것을 하나님 앞에 겸손히 드리는 모습은 참으로 아름답고 소중하다. 하지만 이러한 인식은 내 것을 하나님에게 드린다는 삶의 자세로 나타나기 때문에 반복된 희생의 도전 속에서 쉽게 지칠 수 있으며, 하나님 앞에 어떠한 생색이나 나의 의가 나타날 수 있다는 함정이 있다.

그렇다면 그보다 더 높은 고차원적인 희생의 자세는 무엇일까? '복음을 위해 포기하는 이 모든 것이 원래부터 하나님의 것이었음을 매순간 깨닫는 것'이다. 삶의 모든 영역에서 나는 그 어떤 것의 주인도 될 수 없음을 늘 인식하며 사는 것이다. 우리는 그저 하나님의 것을 잠시 맡고 있는 청지기에 지나지 않는다. 이것을 깨닫고 희생의 요구 속에서 겸허히 내려 놓을 수 있는 믿음을 갖게 된다면, 신기하게도 우리의 포기 속에서 하나님이 주인 되시는 것에 대한 자유함을 만끽할 수 있게 된다. 그렇다. 내게 주어진 것 중에 사실 내 것은 단 하나도 없다. 우리 안에 하나님이 하나님 당신의 것을 다시 취하신 것이라는 확신이 있다면, 반복되는 희생의 도전 속에서 도리어 하나님이 나의 주인 되셨다는 든든함이 복음을 전하는 도구로서 원동력이 될 것이다.

복음을 전하는 그리스도인은 응당 희생의 자세로 살아가야 한다. 이는 예수 그리스도의 그 희생이 우리에게 복음이 되었기 때문이며, 세상 역시 내가 선포한 복음을 듣기 전에 내 삶의 희생을 먼저 보기 때문이다. 영원한 것을 얻기 위해 일시적인 것을 버리는 사람들, 하늘의 것을 얻기 위해 땅의 가치를 하찮게 여기는 사람들, 이들이 바로 그리스도인이다. 세상은 그러한 우리를 기다리고 있다.

복음방 사역 일지

- 2017년 4월 5일 -

새벽 2시경 SNS의 무료 전화로 전화벨이 울린다. 이 시간에 SNS로 걸려오는 전화는 100퍼센트 양떼 아이들의 것이다. 잠깐 한눈판 사이 벌써 다섯 통이 넘게 와 있다. 놀란 마음에 허겁지겁 전화를 해 보니 딸아이 하나가 내 목소리를 듣고는 대성통곡을 하며 운다. 강인한 녀석인데 무슨 일인가 싶기도 하고 걱정이 되어서 물어봤더니 가슴 아픈 일을 겪었다.

녀석은 초등학교 2학년 친모에게 버림 당했다. 함께 사는 친부에게도 수많은 폭행과 괴롭힘을 당하다가 결국에는 살기 위해 집을 나오게 되었다. 누구도 신경 써 주는 사람 없이 여기저기서 떠돌이처럼 살았는데, 그중 유일하게 사랑해 주고 챙겨 주셨던 친할머니가 돌아가셨다는 것이다.

더 마음이 아픈 건, 녀석이 유일하게 사랑했던 친할머니 장례식장을 찾았는데 가족들이 녀석을 매몰차게 쫓아내며 너는 더 이상 우리 가족이 아니라고 말하더라는 것이다. 할머니 영정사진도 제대로 못 보고 쫓겨난 녀석은 서러움에 못 이겨 대성통곡을 하며 제발 내게 만나 달라고 호소했다. 목소리를 들으니 정신이 반쯤 나간 상태다.

자살 시도까지도 생각하는 녀석을 서둘러 만나려 하는데 아뿔싸… 녀석은 자매였다. 사역 중이더라도 새벽 시간에 여자 아이와 단둘이 있는 것은 다소 마음에 부담이 되는 일이다. 그래서 고민하다가 아들 녀석 하나를 호출했다. 전화했더니 녀석은 친구들과 거나하게 술을 마시던 중이었다.

나의 호출에 녀석은 아무 것도 묻지 않고 친구들과의 술자리를 뒤로하고 급히 달려와 주었다. 얼굴이 술에 벌겋게 달아올라, 취한다고 주저앉으면서도 나를 걱정하는 녀석을 보니 그저 고마울 뿐이다.

입맛 없다는 딸아이를 근처 24시 분식점으로 끌고 가서 밥을 먹으며 이야기를 했다. 함께 온 술에 취한 아들 녀석 하나, 울다가 지쳐서 얼굴이 퉁퉁 부은 딸 녀석 하나, 그리고 요즘 화병과 공황장애 및 불면증에 시달리는 나. 그렇게 참 불완전하고 모자란 우리 셋은 하나가 되어 이야기했다.

힘겨운 상황들을 나누다 보니 나오는 것이라고는 욕밖에 없었다. 하지만 마무리되는 주제는 결국 용서와 예배 그리고 성경 이야기였다. 그렇게 넌두리하듯 삶을 나누다 보니 녀석들의 얼굴도 나의 얼굴도 제법 밝아진다. 우리의 표정처럼 밖에도 해가 발그레 떠오른다. 예배 시간에 보자며 택시비 몇 만 원씩을 쥐어 주고는 되돌아가는 녀석들의 뒷모습을 지켜보는데 그들의 상처밖에 보이지 않는다. 그 어린 시절을 어찌도 그리 모질게들 보냈는지….

상처투성이인 녀석들에게 소망한다. '상처로 상처를 덮는 삶을 살지 말고 그리스도의 흔적으로 상처를 덮는 삶을 살길…. 그리고 그 흔적이 더 나아가 세상에서 예수를 증명하는 증거가 되길….' 그리고 녀석들에게 마음으로 외쳐 본다. '아프지만 예수님만 붙잡고 이겨 나가자, 우리. 적어도 예수님 때문에 당한 아픔 하나쯤은 있어야 진짜 예수님을 믿는 사람이 되더라….'

3. 복음은 사랑을 통해 증명된다

참된 신앙은 '예수님을 어떻게 사랑하는 것인가'를
이 세대 가운데 보여 주는 것이다.
그리고 참된 전도는 '예수님이 어떻게 우리를 사랑하셨는가'를
이 세대 가운데 보여 주는 것이다.
이 모든 것의 근본 중심이 예수 사랑이라는 것을
우리는 꼭 기억해야 한다.

앞서 말한 것처럼 복음의 시작은 희생임이 분명하다. 복음 선포에는 나의 삶이 반영되고, 복음을 전하기 위해 한 영혼을 마음에 품는 데는 그를 위한 희생이 동반되기 때문이다. 그렇다면 복음의 요소 중 한 영혼을 전반적으로 변화시키는 데 있어 실제적으로 가장 크게 작용하는 요소는 무엇일까? 나는 확신할 수 있다. 그것은 사랑이다. 어쩌면 복음 자체를 사랑이라고 이야기할 수도 있겠다. 피조물에 대한 창조주의 사랑, 모든 것을 주기까지 아낌없이 사랑하고 올인하는 이야기가 바로 복음이기 때문이다. 그렇기에 그 사랑으로 변화된 그리스도인이 가지고 있어야 할 절대적인 요소 역시 사랑이다.

사랑의 전쟁

교회는 예로부터 수많은 싸움과 전쟁의 한복판에 있었다. 복음을 전한다는 이유로 공격하는 박해에 맞서 목숨을 다하는 희생을 감당하기도 했고, 진리를 사수하고 말씀을 수호하기 위해서라면 어떠한 변호와 변증도 마다하지 않았다. 교회의 사상과 신앙적 가치를 지키기 위한 치열한 싸움은 늘 존재했고, 이는 지금도 여전히 우리 세대의 교회와 개인의 삶에 등장해 우리의 신앙에 순결을 요구한다. 이단적인 사상과 단체들의 공격, 무신론적 과학에 대한 대립, IS 같은 극단적 이슬람의 공격과 포교, 혹은 포스트모던과 인본주의적 사상의 공격, 자본주의와 물질만능주의 경제관을 비롯한 가치의 전쟁 그리고 여러 죄악들의 유혹 등 우리는 알게 모르게 수많은 도전과 공격의 현장에서 그것에 대응하며 살아가고 있다.

이 많은 전쟁 중에서 오늘날 복음을 전하며 살아가는 그리스도인들이 가장 치열하게 싸워야 할 부분은 무엇인가? 오늘날 우리에게 요구되는 수많은 도전 앞에서 우리가 해야만 하는 진짜 전쟁은 무엇인가? 현장에서 위태로운 다음세대들에게 복음을 전하는 나의 관점으로 볼 때, 이 세대의 그리스도인들이 싸워야 할 진짜 전쟁은 '사랑의 전쟁'이다. 우리는 '사랑할 수 있는가'와 '사랑할 수 없는가' 사이에서 수없이 많은 싸움을 한다. 그리스도의 이름으로 사랑할 수 없는 대상을 사랑하는 것, 혹은 그 사랑을 포기해 버리는 것의 중간 지점에서 우리는 많은 유혹과 아픔을 겪게 된다.

위기 청소년 사역을 하다 보면 친부에 대한 아픈 상처를 가지고 있는 여자아이들을 자주 만난다. 친부로부터 버림받은 녀석도 있고, 온갖 언어적 폭행과 육체적 가해를 받은 아이들도 있다. 그 중 가장 충격적인 사례는 친부로부터 성폭행을 당한 경우다. 그런데 더 안타까운 것은, 이렇게 친부에 대한 큰 상처를 가진 아이들은 공통적으로 하나님에 대한 인지 능력이 다른 아이들보다 현저히 떨어지고, 아비적인 사랑을 이해하지 못한다는 것이다. 워낙에 많은 상처를 가진 녀석들이라 조금이라도 상처 되는 말은 하지 않으려고 예배와 설교를 위해 많이 노력하고 있다. 그렇게 조심하던 어느 날, 예배 시간에 사랑에 대해 이야기한 적이 있다.

"내가 좋아하는 사람은 얼마든지 사랑할 수 있어. 하지만 내가 싫어하는 사람을 사랑하는 것은 매우 어려운 일이야. 그런데 성경은 원수를 사랑하고, 너희를 박해하는 자를 위해 기도하라고 이야기하고 있어. 나와 적대적인 관계에 있는 이, 내가 죽이지 않으면 나를 죽이러 오는 원수와 박해자까지도 사랑하는 것은 사람의 사랑으로는 불가능해. 이것은 예수님의 사랑으로만 가능한 일이야."

예배가 끝난 후 함께 간식을 먹으며 이야기를 나누는데, 나를 아빠라고 부르는 딸 녀석이 찾아와 아무렇지 않은 듯 이야기를 건넸다.

"그럼 내 친아빠도 사랑해야 하는 거예요?"

녀석의 물음에 나는 말문이 막혀 버렸다. 녀석과 친부와의 관계를 누구보다 잘 알고 있는 나였기에 쉽사리 성경적 이론과 신학적 지식을 말할 수가 없었다. 녀석은 자신을 버리고 간 친모와 어릴 적부터 온갖 학대와 성적 유린까지 하는 친부를 둔 비참한 가정환경 속에서 자랐다. 특별히 이 녀석은 '아빠'라는 단어에 치가 떨릴 만큼 어두운 기억을 가지고 있었는데, 친부의 아이를 낙태한 전적까지 있었다. 친부의 학대를 못 이겨 신고했더니 접근금지가 내려져 도리어 집에서 쫓겨나와 여기저기 쉼터에서 근근이 살아가야 했던 녀석, 친부에게 폭행을 당하며 자라나 이성에 대한 혐오가 생겨 동성애를 하는 녀석, 이런 녀석이 친아빠도 사랑해야 하냐고 물어 온 것이다.

평소에 친아빠가 죽어서 천국에 있으면 자기는 지옥에 갈 것이라고 이야기하는 이 딸 녀석에게 과연 사랑은 사랑일까? 쉽게 사랑하라 이야기할 수 없었다. 또한 쉽게 사랑한다고 말하지 않아야 하는 세상이다. 예수를 알아 갈수록, 예수를 더 잘 믿을수록 우리의 사랑은 사실 전쟁과 같다. 그래서 그리스도인들에게 도전하는 수많은 전쟁 중에서 '원수를 사랑하고 박해하는 자를 위해 기도하는 것'이 진짜 전쟁인 것이다. 그리고 이 전쟁은 관점에서 결론이 난다.

딸 녀석의 물음에 고민을 하다가 이렇게 이야기했다.

"내가 볼 때 너희 아빠는 죽어 마땅한 사람이야. 너희 아빠는 죽어서도 지옥에 가야 해. 아마 네 생각도 똑같을 것 같아. 그런데 진짜 사랑은 예수님의 입장에서 생각하는 거야. 나는 너희 아빠가 죽어서 지옥에 가야 한다고 생각하지만, 예수님 입장에서는 그도 똑같이 십자가의 해산으로 낳은 자식 중 하나일 거야."

이 말을 들은 녀석은 가만히 고개를 끄덕이더니 좀 어렵지만 뭔가 알 것 같기도 하다면서 한번 시도해 보겠다고 이야기했다.

싸움과 미움, 서운함이 가득한 우리 삶 속에서 예수라는 중심을 잡고 버틴다는 것은 생각만큼 쉽지 않다. 현재의 나 또한 여전히 사랑하기 위해 처절하게 싸우는 중이다. 싸움은 늘 자기들끼리 하면서 결국엔 나를 욕하고 예배와 교회 공동체를 떠나는 아이들, 아무리 잘해 주고 사랑해 줘도, 또 무리해서 퍼 줘도 딱 하나 서운한 게 생기면 그 서운함으로 지금껏 잘해 주었던 모든 은혜를 잊어버리며 공격하는 아이들…. 그러한 가운데서 참 많이 고민했다. 오죽하면 내가 내린 청소년 사역의 정의가 '배신과 회심의 연속'이겠는가. 그러나 과연 이길 수 있는 싸움에서 진짜 이겨

버리는 것이 그리스도인의 승리일까? 이기려고 무단히 노력했을 때 나는 과연 어떤 모습일까? 그 모습 자체가 이미 패배자의 모습은 아닐까? 내가 이겼다고 자부하며 받았던 상급이 과연 상급일까? 도리어 세상과 교회의 상처는 아닐까? 우리는 이러한 것들을 충분히 생각해 보아야 한다.

복음을 들고 세상을 살아가는 우리는 어쩌면 이길 수 있으나 이기면 안 되는 싸움을 하고 있는지도 모른다. 우리가 하는 싸움은 이기는 게 결국 지는 것이 되어 버리는 이상한 싸움이다. 이겨서도 안 되고, 그렇다고 져서도 안 된다. 질 수도 없고 이길 수도 없는 상황에서 할 수 있는 일은 하나밖에 없다. 바로 사랑하는 것이다.

앞서 말한 것처럼, 문제는 내가 그들과 싸워서 이길 수 있느냐, 없느냐가 아니다. 그들을 사랑할 수 있느냐, 없느냐다. 본래 사랑이란 원수와 핍박자를 위해, 바꾸어 말하면, 원수였던 나를 위해, 여전히 아직까지도 핍박자의 모습으로 돌아가는 나를 위해 십자가를 지신 그분에게서 나오기 때문이다. 사랑의 원조이자 사랑의 근원이신 그분의 능력으로 우리는 매일의 전쟁에서 승리해야 한다.

한계에 다다르다

신앙인의 삶에는 변질과 변화, 이 두 가지의 기로만 존재한다. 그리고 이 기로를 가르는 가장 중요한 논점이 바로 사랑이다. 믿음을 지키고 복음을 전하며 살아가는 신앙인의 삶에 어려움과 아픔이 닥쳐올 때 이를 어떻게 이길 수 있는가? 그것은 결국 사랑에 있다. 그러나 이 사랑에는 분명한 우선순위가 존재한다. 성경에도 기록되었듯이, 사랑의 첫 번째 대상은 언제나 하나님이다.

> "어떤 율법교사가 일어나 예수를 시험하여 이르되 선생님 내가 무엇을 하여야 영생을 얻으리이까 예수께서 이르시되 율법에 무엇이라 기록되었으며 네가 어떻게 읽느냐 대답하여 이르되 네 마음을 다하며 목숨을 다하며 힘을 다하며 뜻을 다하여 주 너의 하나님을 사랑하고 또한 네 이웃을 네 자신같이 사랑하라 하였나이다 예수께서 이르시되 네 대답이 옳도다 이를 행하라 그러면 살리라 하시니"(눅 10:25-28).

위기 청소년 사역을 하다 보면 흔히 말하는 뒤통수를 맞는 일이 많다. 어릴 적부터 위급한 상황을 많이 겪고 자란 녀석들은 순간 대처 능력이나 위기 대처 능력이 상상을 초월할 정도로 높다. 본인에게 해가 되거나 손해 볼 것 같은 상황은 눈치를 봐 가며 그렇게 잘 넘어갈 수 없는데, 이때는 의리나 지금껏 함께해 온 추억, 받아 온 은혜 따위는 모두 사라지고 만다. 특별히 거짓말을 너무 잘해서 처음 위기 청소년 사역을 할 때는 참 많이 당했던 것 같다. 믿으면 어느 순간 당하고, 믿으면 또 어느 순간 당하고의 반복 가운데 함께하는 공동체 아이들에게 불신이 가득했던 시기가 있었다.

섬기던 교회에서 몰려오는 위기 청소년들을 홀로 맡아 사역하던 그때, 몇 명 되지 않았던 녀석들이 본인이 속해 있는 위기 청소년 무리의 친구들을 전부 데리고 오기 시작했다. 교회에 오는 녀석들을 쫓아내지 않고 전부 받아 주며 함께하다 보니 그 수가 점점 많아지기 시작했고, 어느덧 교회 청소년부 재적의 3-4배가 훌쩍 넘는 인원이 모이기 시작했다.

위기 청소년들은 어디로, 또 어떻게 튈지 모르는 럭비공 같은 녀석들인데, 그런 녀석들 약 120여 명이 한 자리에 모이다 보니 크고 작은 여러 가지 사건 사고들이 끊임없이 일어났다. 교회 물품들, 크게는 악기나 음향 장비부터 작게는 헌금함, 청소 도구 등에 이르기까지 녀석들의 손에 닿는 모든 것이 부서지기 시작했고, 교회 커튼은 양반이요, 예배 중 여자아이 뒷머리를 라이터로 태우고는 깔깔대는 일들도 종종 발생했다. 어느 날에는 새벽 늦게까지 패싸움을 한 무리가 그대로 교회 예배 시간에 만나 험악한 장면들이 연출되기도 했는데, 조그마한 불씨라도 생기면 바로 교회를 뒤집어엎고 싸우려는 듯한 모습으로 예배를 드렸던 기억이 난다. 또 예배를 드리다 보면 간혹 경찰이 들어와서 수배가 떨어진 아이들이 여기에 있다며, 혹은 절도된 오토바이가 여기에 있다며 아이들과 실랑이를 하기도 하고, 어떤 때는 아이 부모들이 언성을 높이며 들어와 예배 시간이 마비된 적도 있었다. 이뿐 아니라, 매주 예배에 참석하는 아이들이 담배를 벅벅 피우다 보니 옷에 밴 담배 냄새만으로도 예배당 곳곳에 담배 냄새가 깊게 배어 매일같이 교회 어르신들의 항의를 들어야 했다.

사소하거나 제법 심각한 문제들이 몇 달간 끊임없이 생기다 보니 결국 섬기는 교회를 위해 사역을 내려놓는 것이 배려가 되는 상황에까지 이르렀다. 섬기는 교회를 사임하게 될 경우 나와 우리 가정이 오갈 데 없는 신세가 되는 것은 당연했다. 그 기간 참 많이 고민하고 기도했다. 그리고 기도 끝에 내린 결단은, 아내와 태어난 지 한 달도 안 된 막내를 비롯한 세 아이를 지방 본가로 보내고 나 홀로 서울에 남는 것이었다. 생각해 보면 그때부터 내 삶의 진짜 아픔이 시작된 것 같다.

서울에 약 60여 년 만에 폭설과 한파가 몰려왔던 그 겨울에 교회를 떠나 오갈 곳이 없게 되면서 지인이신 여 목사님의 배려로 한 건물에 들어가게 되었는데, 그 건물은 보일러와 수도가 얼어서 아무것도 할 수 없는 폐허와 같은 곳이었다. 집 안에서 두꺼운 파

카 잠바 두 개를 껴입고 이불을 뒤집어쓴 채 꾸역꾸역 생활했던 몇 개월, 도저히 안 되겠다 싶어 강남 유흥가 촌에 있는 고시원에 들어가 몇 년을 홀로 살며 맡겨진 위기 청소년들을 품어야 했다.

수입이라고 해 봐야 파트타임 전도사의 사례비가 전부였다. 가정의 생계를 유지하기도 힘든 상황에서 위기 청소년들의 식비와 생계를 감당하며 지출을 계속하다 보니 결국은 그 지출이 고스란히 빚으로 남게 되었다. 재정의 압박과 하루가 멀게 밀려오는 아이들의 사건 사고 소식에 마음이 쉴 새 없이 무너졌다. 카드 회사 직원에게 하루가 무섭게 연체 독촉을 받으면서도 그래도 예배는 해야 한다며 아이들을 이끌고 이 교회 저 교회 다니며 예배 장소를 알아보았다. 하지만 번번이 쫓겨나는 상황과 날선 비난 및 나를 위해 해 준다는 비아냥거리는 듯한 훈계와 권면들은 나를 참 많이도 무너지게 했다.

나를 불러 주는 곳이라곤 경찰서나 법원, 새벽 술집 거리의 조그마한 국밥집밖에 없던 그 아픔의 시절에 내가 의지하며 함께할 수 있는 사람이라고는 내 옆에 있었던 위기 청소년들밖에 없었다. 그래서일까? 나는 그 시절 녀석들을 굳건히 믿고 있었다. 만나서 함께 다니면 어딜 가나 눈치를 받았고, 때로는 비난받고 쫓겨나고 정죄를 당하는 것이 익숙했어도 함께 당한 만큼 녀석들은 나와 끝까지 함께하리라 생각했다. 심적인 의지의 대상이 서로였다고 생각한 것이다. 그러나 그런 녀석들 또한 깊이 알수록 믿음이 사라지고 신뢰가 깨지는 일들만 생길 뿐, 어디에도 마음 깊이 의지할 대상은 없었다.

일주일간 밥 먹는 것도 아까워 식비를 아끼며 토요 양떼 예배 후 함께 먹을 간식비를 모아 놓으면 어느 순간 지갑의 돈을 전부 가지고 도망쳐 버리는 일도 있었고, 예배 시간에 본인 마음에 안 드는 친구가 왔다고 각목을 들고 와서 난장을 부리는 녀석도 있었다. 어느 날엔가는 양떼 예배의 리더 역할을 하던 한 여자아이가 뜬금없이 임신을 했다며 찾아온 적이 있었다. 당시 녀석의 나이는 17세. 예배에서 중추적인 역할을 하던 아이라 그 충격이 상당했다. 울면서 이제 어떡하면 좋겠냐고 물어보는 녀석을 바라보며 이러지도 저러지도 못한 채 "너는 어떻게 했으면 좋겠니?"라고 되물어볼 때의 그 심정은 정말이지 세상이 노랗게 변하는 것 같았다. 울면서 기필코 낳겠다는 녀석에게 도움이 되기 위해 이곳저곳 알아보고 부탁해서 미혼모 보조지원금을 비롯한 여러 기반들을 마련해 놓았건만, 어느 순간 연락이 두절되었다가 몇 달이 지난 후 아이를 지우고는 온몸에 문신이 가득한 새로운 남자 친구와 함께 아무렇지 않은 듯 배시시 웃으며 다시 찾아올 때의 기분이란…. 위기 청소년 사역을 본격적으로 시작하면서 막상 함께하며 굳건히 믿었다고 자부한 믿음의 대상들이 전부 무너지는 일들을 매순간 경험하게 된 것이다.

　이러한 일들이 지속, 반복되면서 내가 만나는 위기 청소년 누구도 믿지 못하던 시간들이 있었다. 그럼에도 내게 맡겨진 사명이기에 버티며 서 있자는 마음으로 사역을 감당했지만, 돌이켜 보면 그 시간 가운데 기쁨이 전혀 없었음을 고백한다. 아이들은 계속 만나면서 녀석들에게 마음을 열지 않고 그저 사역의 도구적 요소로 대하다 보니 녀석들도 나를 조금씩 경계하기 시작했다. 그리고 오히려 관계가 더 서먹해져 가는 지경에까지 이르게 되었다. 고민 끝에 여러 선배 목사님들께 여쭈어 보았다. 선배 목사님들 대부분은 '사람은 믿음의 대상이 아니라 사랑의 대상'이라고 하셨다. 그러니 사람을 믿으려 하지 말고 사랑하라는 것이다. 그 말에 나는 녀석들을 사랑하려고 부단히 노력해 보았다. 하나 나 자신을 깊이 관찰해 본 결과, 나라는 사람은 나와의 신뢰를 깨뜨린 아이들을 사랑할 수 있는 사람이 아니었다. 과연 지금 내게 맡기신 이 위기 청소년들을 내 자녀와 동등하게 진심으로 사랑할 수 있을까? 단지 '사랑한다, 축복한다'라는 말을 해 준다고 해서 그것이 진짜 사랑이겠는가? 결코 그렇지 않을 것이다. 말은 누구나 할 수 있다. 그러나 진정한 사랑은 단지 말에서 끝나지 않는다는 것을 우리는 알고 있다. 밥을 사 먹인다고, 어렵고 힘든 상황에서 같이 버텨 준다고, 혹은 도와준다고 그것이 사랑의 정의는 아닐 것이다.

그럼에도 불구하고 사랑하라

한동안 이 '사랑'에 대한 고민을 많이 했었다. 무엇이 사랑일까? 어떤 사랑이 우리로 하여금 완전한 사랑을 이루게 해 줄 것인가? 그러다 문득 이른 새벽 시간에 경찰서에 잡혀 들어가 있는 한 녀석을 만나러 가는 길에 이 사랑에 대한 우선순위를 바로잡을 수 있게 되었다. 녀석은 부모에게 버림받고 어릴 적부터 조부모 밑에서 자라다가 조부모가 돌아가신 후로는 법적 보호자가 없는 상태였다. 새벽 시간에 잠도 제대로 못 자고 경찰서에 급하게 가면서 들었던 생각은 '내가 왜 이 사역을 하고 있는가?'에 대한 질문이었다. '나는 왜 새벽 이 이른 시간에 경찰서에 가야 하는가? 복음을 전한다며, 혹은 사역을 감당한다며 밤낮없이 발버둥치는 이유는 무엇인가? 위기 청소년을 사랑해서인가, 아니면 예수 그리스도를 사랑해서인가?'

생각해 보니 그 늦은 저녁에 술집 거리 현장에 서 있을 수 있는 이유는, 이른 새벽에 경찰서에 가면서도 그렇게 크게 불평불만이 나오지 않았던 이유는, 내가 위기 청소년이 아니라 예수 그리스도를 사랑하기 때문이었다. 이렇듯 예수를 사랑함이 우선시되니 내 삶에서 나타난 크고 작은 문제나 심지어 위기 청소년들의 배신, 혹은 뒤통수, 혹은 떠남 같은 신뢰가 깨어지는 일들이 큰 문제로 다가오지 않았다. '내가 예수님 사랑해서 이 사역 감당하지 너 사랑해서 하는 것 아니다'라는 이 다짐 하나가 배신과 떠남에 지쳐 있던 내게 놀랍게도 새 힘을 일으키는 원동력이 된 것이다. 더욱이 이 '예수 사랑'은 내가 부단히도 노력했다가 실패했던 그 이웃 사랑에 대한 도전의 시작점이 되었다. 참된 사랑이란 사랑하는 이가 사랑하는 것을 사랑하고, 사랑하는 이가 미워하는 것을 미워하며, 사랑하는 이가 슬퍼하는 것을 같이 슬퍼하는 것이기 때문이다. 그 사랑으로부터 나오는 공감 능력이 생긴 것이다. 내가 가장 사랑하는 예수님이 내게 맡기신 이들을 향해 울며 안타까워하고 계신다는 이 마음 하나가 그들을 위해 아무 조건 없이 움직일 수 있는 힘이 된 것이다.

　나는 예수를 사랑하지 못하면 결코 타인을 바르게 사랑하지 못한다는 것을 알고 있다. 가족이든 친구든, 심지어 교회 공동체의 식구 누구든지 간에 타인을 사랑한다는 것 자체가 그저 예수 사랑의 모형일 뿐이기 때문이다. 그래서 복음을 전하는 우리는 예수를 더 깊이 사랑해야 한다. 사역이 우선이 아니라 사랑이 우선이라는 것, 그 사랑 중에서도 예수 사랑만큼은 결코 잊어서는 안 되며, 우리가 움직일 수 있는 근본적인 힘이 여기에서 나온다는 것을 우리는 알아야 한다. 예수를 깊이 사랑하는 이가 참사랑을 알 수 있으며, 참사랑을 전할 수 있기 때문이다.

참된 신앙은 '예수님을 어떻게 사랑하는 것인가'를 이 세대 가운데 보여 주는 것이다. 그리고 참된 전도는 '예수님이 어떻게 우리를 사랑하셨는가'를 이 세대 가운데 보여 주는 것이다. 이 모든 것의 근본 중심이 예수 사랑이라는 것을 우리는 꼭 기억해야 한다.

사랑의 척도

많은 교회나 집회에 설교 사역을 다니면서 한국 교회에서 예수님을 믿는다는 우리 신앙인들이 가장 많이 사용하는 단어가 무엇인지 알아본 적이 있다. 거룩, 믿음, 은혜, 헌신, 희생, 복음, 축복, 하나님 나라 등 제법 많은 단어들이 있었다. 그러나 현재 한국 교회에서 압도적으로 많이 사용하는 단어가 있다면 그것은 사랑이다. 설교의 주제로, 또는 성경 공부나 셀 모임의 주제로 가장 많이 쓰이는 단어가 사랑이라는 것이다. 당연한 결과다. 성경 신구약에 나타난 최종적 가치, 기독교의 근본이자 예수 그리스도의 탄생과 삶 그리고 죽음 가운데 나타난 가장 빛나는 가치가 사랑이기 때문이다. 그래서일까? 우리는 교회 안에서 사랑한다는 말을 심심 찮게 많이 나눈다. 예배의 교제 및 광고 시간에, 또는 새 신자들이 왔을 때 사랑한다고, 혹은 축복한다고 손을 뻗어 이야기하며 축복의 찬양을 불렀던 적이 있을 것이다.

우리는 적어도 교회에서만큼은 사랑이라는 단어를 쉽고 부담 없이 그리고 많이 사용한다. 그렇다면 물어보고 싶은 것이 있다. 사랑한다는 말을 많이 하면 우리 공동체에 그만큼 사랑이 많아질까? 만일 그렇다면 세상의 예수님을 믿지 않는 이들 눈에 보이는 교회와 우리 삶의 모습은 과연 사랑이라고 확신할 수 있을까? 비단 삶까지 가지 않더라도, 교회 안의 모습만 본다 하더라도 우리는 정말 우리가 고백한 만큼 공동체 지체들을 사랑한다고 이야기할 수 있을까? 참 쉽지 않은 일이라는 것을 우리는 알고 있다. 교회에서조차 사랑한다고 뻗었던 그 손에 어느 순간 칼이 쥐어져 우리의 뒤를 찌른 적이 있을 것이며, 축복한다는 그 입술이 어느 순간 나와 남의 흠을 이야기하는 이간질의 독이 된 적도 있을 것이다.

단언하건대, 신앙생활 도중에 하나님에게 실망하거나 하나님과 등져서 교회를 떠나는 이는 극히 소수일 것이다. 대부분의 실망은 사람과의 관계에서 나타나고, 그 실망의 대부분은 말 때문임을 우리는 알고 있다. 하나님을 사랑한다는 것, 그리고 이웃 사랑에 대한 계명을 완전히 지킨다는 것은 과연 무엇인가? 우리가 입으로 이야기하는 '사랑한다'의 척도는 과연 무엇인가? 우리는 이를 깊이 생각해 보아야 한다.

"누구든지 하나님을 사랑하노라 하고 그 형제를 미워하면 이는 거짓말 하는 자니 보는바 그 형제를 사랑하지 아니하는 자는 보지 못하는바 하나님을 사랑할 수 없느니라"(요일 4:20).

비뚤어진 사랑관

위기 청소년들을 만나서 삶을 공유하다 보면 내 가치관과 기준으로는 도저히 이해 안 되는 것들을 경험할 때가 있다. 그중에서 가장 이해할 수 없는 행동은 이성 친구를 너무도 쉽게 그리고 아주 편하게 바꾸면서 교제한다는 것이다. 그렇다고 이성 친구와 교제하는 기간을 허투루 사용한다거나 교제하는 대상에게 소홀히 행동한다는 것은 결코 아니다. 정작 이성 친구와 교제하는 걸 보면 세상에 둘만 있는 것처럼 연인에게 모든 것을 다 바치며 살아간다. 수없이 사랑한다고 이야기하며 매일 매시간 붙어 있고, 수시로 연락하며 서로를 위하는 모습을 보게 된다.

이뿐만이 아니다. 동거는 기본이고, 심지어는 그 관계 가운데 낙태가 일반적일 만큼 깊은 만남을 갖는다. 그 모습을 가만히 지켜보면 흡사 신혼부부와도 같다. 가정이 파괴되어 있기 때문에 의지와 사랑의 대상이 이성이리라 생각하면 여기까지는 그래도 억지로 이해할 수 있다. 정말 이해할 수 없는 것은, 어느 순간 갑자기 너무 쉽고 편하게 교제의 관계를 끊고 헤어진다는 것이다. 그리고 또 다른 대상을 만나 또 그렇게 사랑한다 하며 모든 것을 다 바칠 것처럼 살아가다가 또 그렇게 헤어진다는 것이다. 심지어는 친한 친구들과 연인 사이가 돌고 돈다는 사실에 처음에는 적잖이 충격을 받았다. 아이들의 멘탈이 강한 것인지, 아니면 상처가 많아서 이런 감정의 상처쯤은 쉽게 이길 수 있는 것인지, 그것도 아니면 아픈데 그냥 좋은 척하는 것인지 도저히 알 수가 없었다. 아이들의 이러한 사랑을 보면서 과연 참사랑의 기준이 무엇인지에 대해 심각하게 고민하게 되었다. 더불어, 그렇다면 내가 하는 하나님과 이웃에 대한 사랑은 과연 올바른 방법인가를 동일하게 고민하게 되었다.

분명한 것은, 녀석들이 했던 사랑은 성숙한 사랑이라 하기에는 많이 부족했다는 것이다. 가만히 살펴보면 녀석들은 사랑의 대상이 아니라 자신의 힘들고 아픈 환경과 공허함을 채우기 위한 존재가 필요했던 것이다. 그리고 그 과정에서 나오는 상황과 감정과 분위기에만 도취되어 있었던 것이다. 물론 이러한 것들도 사랑 안에 포함되는 중요한 요소겠지만, 이것만으로는 성숙한 사랑이라 말할 수 없다. 그렇다면 내가 하는 하나님에 대한 사랑은 어떠한가? 사랑은 결코 말이나 감정으로 평가받을 수 없다. 사랑의 척도, 즉 사랑의 기준은 말이 아닌 행함의 수고에 있기 때문이다.

사랑의 수고와 인내

"너희의 믿음의 역사와 사랑의 수고와 우리 주 예수 그리스도에 대한 소
망의 인내를 우리 하나님 아버지 앞에서 끊임없이 기억함이니"(살전 1:3).

데살로니가전서에서는 믿음을 이야기할 때는 역사를, 소망을
이야기할 때는 인내를, 그리고 사랑을 이야기할 때는 수고를 함께
말한다. 수고가 무엇인가? 우리는 흔히 '힘들고 애쓰는 상태'를
수고라고 이야기한다. 즉 사랑함을 평가하려면 그 사랑함에 대한
힘들고 애쓰는 상태를 보아야 한다는 것이다. 사랑한다는 이야기
를 함과 더불어 그 사랑을 지키고 유지하고자, 때로는 더 깊은 사
랑으로 만들고자 나오는 힘들고 애쓰는 상태, 사랑함에 대한 책임
감, 그것이 사랑인 것이다. 그래서 온전한 사랑은 결코 개인적이
거나 이기적일 수 없다. 이 사랑은 받는 것보다는 주는 것에 더 익
숙해지게 만들어 더 많이 사랑하는 쪽이 그만큼 더 큰 희생과 손
해를 감당하게 한다. 이는 일반적으로 자식에 대한 부모의 사랑
을 보면 좀 더 깊이 알 수 있다. 아무 조건 없이 주는 사랑, "사랑

한다"라는 말에 대한 책임에 의해 감당되어지는 희생은 하나님이 우리에게 하신 사랑을 가장 잘 예표한 것이리라. "자식 이기는 부모 없다"라는 옛말은 결국 '자식이 부모를 사랑함보다 부모가 자식을 사랑함이 더 크다'는 의미인 것이다.

결국 삶에서 사랑한다는 의미의 척도를 재 볼 때, 희생과 손해를 더 많이 감당한다는 것은 그만큼 더 사랑한다는 의미가 된다. 이는 이웃과의 사랑에서도 그렇고, 하나님과의 사랑에서도 동일하게 성립된다. 그런데 참 신기한 것은, 온전한 사랑에서 나오는 이 손해에는 기쁨이 동반된다는 것이다. 사랑에 대한 오묘한 이치가 여기에 나타난다. 그래서 온전한 사랑은 참 아이러니하다. 사랑하는 이를 위해서 무조건적인 희생과 손해를 감당함에도 불구하고 그 과정 자체가 기쁘고 행복하다는 것이다. 아니, 오히려 더해 주지 못해서 미안한 마음이 들어 부족하다는 말만 되뇐다. 이런 가슴 절절한 사랑을 해 본 사람이라면 모두 공감할 것이다.

하나님도 우리에 대한 사랑을 단지 말에서 끝내지 않으셨다. 독생자 예수님을 보내 주시어 우리를 대신해 죽게 하심으로써 그분의 사랑을 보여 주셨다. 우리를 위해 모든 것을 다 주시며, 우리를 어떤 상황 속에서도 결코 포기하지 않으시고, 심지어는 우리를 향한 이 처절한 희생을 놀랍게도 기쁨이라 하신다는 것이다.

"너의 하나님 여호와가 너의 가운데에 계시니 그는 구원을 베푸실 전능 자이시라 그가 너로 말미암아 기쁨을 이기지 못하시며 너를 잠잠히 사랑하시며 너로 말미암아 즐거이 부르며 기뻐하시리라 하리라"(습 3:17).

많은 그리스도인들이 하나님의 사랑을 이야기할 때 신약에 나타난 예수 그리스도의 형상만을 하나님의 사랑으로 이야기한다. 구약의 하나님은 징벌과 심판의 공의의 하나님, 두렵고 무서운, 벌을 내리시는 하나님으로만 생각하는 사람들이 꽤 많다는 것이다. 그러나 나는 구약에 등장하는 하나님과 신약의 하나님이 동일하며, 신실하신 사랑의 하나님임을 깊이 느낀다. 늘 죄 가운데 허덕이는 자녀들에게 죄에 대한 심판의 선포를 하시는 하나님, 징벌과 화를 이야기하시지만 그다음 장에서는 언제나 회복을 노래하며 구원을 이야기하시는 하나님의 그 크신 사랑, 사망의 길로 가지 못하게 하려고 혼내시고, 다시 회복시키시고, 다시 안아 주시는 그 처절한 사랑을 볼 때면, 그리고 그것마저 기쁘다 말씀하시는 하나님의 그 큰 사랑을 볼 때면 내가 하는 사랑이 참 보잘것없는 사랑임을 가슴 깊이 깨닫는다.

수고와 인내의 책임을 감당하라

우리가 하는 사랑이 하나님을 닮아 있다면, 사랑한다는 말 안에는 '당신을 위해서 수고하고 희생하며, 그것을 기뻐할 수 있습니다'라는 말이 분명히 포함되어 있어야 한다. 그렇다면 하나님을 사랑한다는 우리의 고백에서 나타나야 하는 삶의 모습은 과연 무엇인가? 말로 끝나는 사랑, 고백했던 말들이 이루어지지 않는 사랑 또는 변하는 사랑은 불완전하고 일시적인 사랑이거나 사랑이라 볼 수 없는 자기 위안일 뿐이다. 하나님에 대한 사랑을 부담 없이 이야기하는 우리는 이제 고백에서만 끝나는 삶이 아니라 사랑함에 대한 책임을 감당해야 한다. 하기 싫으나 하나님을 사랑함으로 할 수 있는 신실함, 하고 싶으나 하나님을 사랑하기에 하지 않는 결단, 먹어도 되나 하나님을 사랑함으로 먹지 않는 거부, 손해 볼지언정, 혹은 죽을지언정 하나님 앞에 더러워지지 않겠다는 굳건함. 어쩌면 오늘날 우리에게 필요한 신앙의 순결은 하나님을 사랑함에 대한 정조를 지키는 것이 아닐까 생각한다.

우리는 삼위 하나님 세 분의 전적인 희생과 수고로 말미암은 완벽한 사랑을 받고 있다. 삼위 하나님 중 어느 한 분도 놀거나 쉬지 않으실 만큼 우리를 열정적으로 사랑하시며, 또 그것을 기쁨으로 여기신다. 성부 하나님의 나를 향한 수고, 성자 예수님의 나를 향한 희생, 성령 하나님의 나를 향한 열심, 사랑받아 마땅할 요소가 전혀 없는, 죄로 인해 이미 하나님과 멀어져 버린 우리를 이끄시는 그 수고와 희생, 그것을 기쁨으로 여기시는 그분의 사랑은 완전하시다. 이처럼 사랑함을 보려면 수고함을 보아야 한다. 그리고 그 수고함에 더불어 기뻐함을 보아야 한다.

그리스도를 사랑하는 것이 너무 힘든 세상을 살아가고 있다. 신앙의 정조를 지키며 그리스도를 사랑한다는 그 고백을 삶으로 살아내는 것이 참으로 처절한 시대를 살아가고 있다. 그러나 그리스도를 사랑하는 그 힘듦을 기뻐할 수 있는 이유는 그 수고까지도 사랑의 범위에 있기 때문이다. 그리고 이 사랑의 길의 끝은 세상의 불완전한 이별의 끝이 아닌, 그리스도의 너른 품의 기쁨이다. 진정한 안식이고, 참된 평안이다. 나를 위해 죽으시며 나의 살아남에 기뻐하셨을 예수 그리스도를 생각하며 우리 또한 그리스도를 위해 흘리는 피와 고생을 감사하게 생각해야 한다.

우리의 신앙생활 가운데 사랑이라는 단어가 너무 만연하게 퍼져 있다. 이제는 그 사랑을 삶의 수고와 희생까지 보여 줄 수 있는지에 대해 깊은 고민을 해 보아야 할 때다. 사랑을 받은 자가 사랑으로 살려 내며, 사랑으로 더불어 살아가는 것이 그리스도인이다. 그 사랑으로 끝까지 이 땅에서의 믿음의 경주를 이겨 내기를 소망한다.

복음밥 사역 일지

- 2015년 10월 19일 -

오늘은 주일이다. 그리고 드디어 그렇게도 기다리고 기다리던 두 녀석과 함께 교회에 가기로 한 날이다. 두 녀석은 양떼 동성애 부서의 예쁜 딸들이다. 교회에 가면 비난받으니 본인은 갈 수 없다고 괜한 투정을 부리다가 나의 부탁과 사정에 못 이겨 억지로 가는 것 같아 보이지만, 사실 녀석들은 교회를 다녔던 아이들이다.

집이 없어서 쉼터에서 지내는 녀석들을 예배 시간보다 좀 더 일찍 불러냈다. 꼭 밥을 먹이고 싶었기 때문이다. 저기 멀리서 녀석들이 두 손을 흔들며 기쁘게 다가온다. 그 모습이 너무 예뻐 보인다. 녀석들은 어김없이 나를 보자마자 배고프다고 칭얼댄다. 나는 그런 녀석들에게 "나한테 밥 맡겨 놨냐?"라고 장난치다가 인근 식당으로 데리고 갔다.

식당으로 가는 길에 녀석들이 이야기한다.

"아빠, 근데 우리 딸 아니고 아들 같지? 교회 사람들이 다 아들이라고 하겠다, 그치?"

투블럭 스타일의 짧은 머리, 남자처럼 꾸민 녀석들 둘이 손을 잡고 걸으면 주위의 시선이 자연스레 녀석들에게로 향한다. 그것을 느꼈는지 녀석들은 괜스레 내 걱정을 한다.

"무슨 소리 하는 거야, 이렇게 예쁜 딸들한테. 나는 내 딸들 뽑을 때 얼굴 보고 뽑는다. 너희들 진짜 예쁜 내 딸들이니까 걱정하지 마."

식당에 들어가서 음식을 시켰다. 제법 푸짐하게 시켰는데 먹다 보니 녀석들에게 좀 부족해 보였다. 나는 배가 부르다며 내 음식을 녀석들 그릇에 덜어 주었는데, 그 모습을 본 한 녀석이 받아먹으며 말한다.

"아빠, 꼭 아빠 새 같다."

이상하게 그 말에 눈물이 울컥했다. 그리고 스스로 다짐했다. 정말 아빠 새가 되어 주겠노라고 말이다.

예배 후 녀석들과 교제하고 차비를 쥐어 주었다. 그리고 꼭 다음 주 예배도 함께하자고 이야기했다.

아무것도 아니지만, 이런 사소한 사랑 하나하나가 모이면 하나님을 만나는 통로가 되리라…. 아빠 새가 주는 먹이 받아먹다 보면, 언젠가는 너희들도 날 수 있으리라….

4. 세상과 교회의 간격

깊은 묵상 끝에
예수를 믿는 자와 예수를 믿지 않는 자들의 차이는
'예수'밖에 없다는 것을 알게 되었다.
이 사실을 알게 되니 겸허히 고백할 수밖에 없었다.
"주님, 나와 녀석들의 차이는 주님밖에 없습니다."

지금은 여러 사역적인 움직임 속에서 위기 청소년 사역도 청소년 사역의 한 범주로 바라보고 있다. 또 이 사명을 감당하는 사람들도 제법 생겼고, 여기저기서 위기 청소년들을 위한 선교적 움직임들도 제법 활발해지고 있다. 하지만 내가 처음 위기 청소년 사역을 시작했던 때만 하더라도 이것을 사역이라고 이야기하는 사람은 매우 적었다. 위기 청소년들은 소년원이나 복지센터, 혹은 쉼터에서만 만날 수 있었을 뿐, 온몸에 문신을 가득히 그리고 거리에서 담배를 피우며 무리를 지어 오토바이를 타고 돌아다니는 이들을 교회에서 만나 관계를 쌓고 복음을 전한다는 것은 그 당시 매우 흔치 않은 사역이었다. 더욱이 전도사가 새벽마다 술집 거리나 모텔 촌, 혹은 클럽 앞의 유흥가에 가서 술에 취한 아이들을 만나고 다닌다는 것은 더더욱 있을 수도 없는 일이었다.

세상과 사역은 하나가 될 수 없는가

위기 청소년 사역을 하면서 참 많은 고민과 갈등이 있었다. 가장 큰 고민은 내 스스로 가지고 있는 내면의 갈등이었고, 이 갈등을 이루는 결정체들은 내 삶의 무대인 위기 청소년 사역에 대한 당위성이었다. 내가 있는 이 밤거리가 과연 나의 사역지가 맞는가? 내가 머물고 있는 이 새벽의 시간이 과연 나의 사역의 시간인가? 이것을 스스로 확인하며 확신하는 것이 어쩌면 그 당시 나에게는 제법 중요한 고민 중 하나였다.

이뿐만이 아니다. 어떤 의미로 보면 한국 교회가 손가락질하는 지탄의 대상들을 한국 교회 목회자의 자녀로 태어나 한국 교회 안에서 자란 내가 그들과 만나 공동체를 이룬다는 것에 굉장한 혼란이 있었다. 우리 공동체 아이들의 대부분은 성매매나 유사 성매매 업소에 다니고 있다. 동성애를 하는 아이들도, 자살 시도와 자해를 주기적으로 하는 아이들도, 조직폭력배 활동을 하며 생활관에 있는 아이들도 그리고 소년원 출신 아이들도 있다. 이러한 아이들이 다수였기 때문에, 이들과 예배하는 것이 그리고 이들에게 복음을 전하는 것이 과연 성경적이고 신학적인지 내 스스로가 먼저 마음을 다잡고 배워야 했다. 위기 청소년들을 만나 복음을 전한다는 나에게 사명에 대한 확신이 없다 보니, 아이들을 만날 때마다 위축되거나 이상하리만큼 마음에 죄책감이 들기 시작했다.

실제로 양떼 커뮤니티의 예배 장소를 위해 이 교회, 저 교회를 돌아다니며 토요 예배 장소를 요청한 적이 있다. 양떼 커뮤니티는 예배를 위해 모인 공동체이며, 예배는 아이들을 모을 수 있는 기점이었다. 많은 사역을 하는 것 같지만, 실상 아직까지도 멈추지 않고 지속되는 사역은 예배 사역 하나밖에 없다. 그런데 사역하던 교회에서 나오게 되니 50-60여 명 되는 아이들과 예배할 공간이 없어진 것이다. 그래서 인근의 교회들을 돌며 예배 장소를 열어 달라고 부탁한 적이 있었는데, 그럴 때마다 돌아오는 것은 비아냥 섞인 정죄와 권면의 모습을 한 쓴소리뿐이었다.

"나이 어린 전도사가 이런 일 말고 진짜 사역을 해야지, 왜 이런 걸 하나?"

"전도사님, 목회를 하셔야 돼요. 우리도 젊을 때 그런 것 다 해 봤는데, 결국은 목회예요."

"힘들지만 어디 교회 들어가서 부교역자 하면서 잘 배워야지,

무슨 이런 애들이랑 있습니까?"

이처럼 수많은 비판 섞인 음성들은 나의 마음을 더욱 위축되게 했다. 그중에서 아직까지 생각나는 충격적인 권면이 있다. 나이가 지긋하게 드신 어느 노 목사님의 권면이었다. 그분은 나를 생각해서 이야기하신다며 강하게 정죄하셨다.

"예수 믿는다는 사람이 그런 애들이나 만나고 다니면 되나? 철없이…. 전도사는 교회에서 성도들이랑 있어야 전도사지, 이게 뭐 하는 짓인가?"

그러면서 그분은 한 가지를 더 권면해 주셨다.

"전도사는 새벽 기도를 해야 돼, 새벽 기도를. 자네 새벽 기도는 하고 있나?"

나는 당시 아무 말도 하지 못했다. 교회에서 하는 새벽 기도 시간은 내가 술집 거리에서 아이들을 만나고 있을 시간이었기 때문이다. 나는 평균적으로 아침 6시쯤 해가 뜬 하늘을 보며 집에 들어간다. 생각해 보니 나는 새벽 기도를 전혀 하지 못하고 있었다. 아픈 마음을 삭이며 생각해 보았다. 과연 예수 믿는 사람은 어떤 사람을 만나야 하는가? 예수님은 어떤 이들을 만나셨고, 누구와 함께하셨는가? 그렇다면 우리 교회는 과연 어디에 있어야 하는가?

하나님의 세미한 음성을 붙잡다

그러한 일이 있고 나서 며칠 후, 마치 하나님이 나에게 말씀하시는 듯한 메시지적인 사건 하나가 터졌다. 다른 지역의 아이들을 만나 복음을 전하며 교제하고 있는데 한 녀석이 급하게 호출을 한 것이다. 호출한 녀석은 당시 16세로, 나이는 어리지만 녀석이 사는 지역의 또래 가운데서는 싸움을 꽤 잘하는 녀석 중 하나로 손꼽혔다. 16세의 나이와는 다른 큰 덩치와 성숙함, 악바리 같은 깡과 덩치에 걸맞은 매우 센 힘을 가지고 있어서 인근 지역의 또래 아이들에게는 공포의 대상이었다. 그런데 그런 녀석이 바들바들 떨며 전화로 이야기를 했다.

"쌤, 나 방금 감금 폭행당했어요. 10시간 이상 감금당해 있다가 겨우 풀려났는데, 지금 좀 와 주실 수 있어요?"

녀석의 울먹이는 전화를 받고는 허둥지둥 녀석이 있는 지역으로 움직였다. 가 보니 몸 이곳저곳에는 피멍이 들어 있고, 피투성이가 된 전신에는 구타를 당한 흔적이 여실하게 드러나 있었다. 급하게 근처 편의점으로 뛰어가 구급약품과 물티슈를 사서 대충 닦은 후 약을 발라 놓고는 병원 응급실로 데려 가려는데 녀석이 단호하게 거부했다.

"병원은 괜찮고요, 그냥 밥이나 한 끼 사 주시면 안 돼요? 저 한

끼도 못 먹고 얻어맞기만 했어요."

몇 번 더 강요했지만 이 상태로는 절대 안 된다며 녀석은 완고하게 거부했다. 나는 마음을 접고 녀석을 근처 24시 국밥집으로 데려갔다. 그리고 허겁지겁 먹는 녀석을 물끄러미 바라보며 머릿속에 맴돌던 질문들을 쉴 새 없이 쏟아 냈다.

"너, 이게 어떻게 된 일이야? 언제 이런 일을 당했어? 감금 폭행은 또 무슨 말이고? 대체 누가 그런 거야?"

녀석은 하나씩 물어보라며 나를 타박하고는 이야기를 시작했다. 아는 동네 선배가 있는데 그 녀석이 평소에도 자신의 명품 지갑이나 오토바이, 귀중품 같은 것들을 뺏어 가고, 지속적으로 돈도 갈취해 갔다고 한다. 그것에 저항하려 해도 나이가 한참이나 많은데다가 동네의 모든 형들과 친해서, 쉽사리 저항했다가는 더 큰 봉변을 당할 것 같아 지금껏 가만히 있었다는 것이다. 더욱이 경찰에 신고하려 해도 본인이 선배라는 녀석과 얽혀서 지은 죄들이 많아 쉽게 신고도 할 수 없는, 정말 이러지도 저러지도 못하는 상황이었다고 한다. 그렇게 참고 지냈는데 며칠 전 여자 친구에게 선물 받은 고가의 명품 시계를 그 선배 녀석이 다시 또 뺏어 갔고, 참다 참다 너무 열이 받은 녀석은 술 마신 후 전화를 걸어 선배에게 욕설을 퍼부었다고 한다. 그러자 선배라는 녀석이 미안하다며 시계를 돌려줄 테니 만나자고 타일러서 나갔더니 녀석을 만나자마자 끌고 가서는 감금을 하고 폭행했다는 것이다. 녀석의 말로는 아주 지능적이게 CCTV가 없는 곳으로 돌아다니며 자신을 때렸고, 혼자 사는 본인 집으로 끌고 가서 골프채로 때렸으며, 종국에는 식칼을 들이대고 위협하면서 300만 원을 부쳐 주면 풀어 준다고 해서 녀석은 각서를 쓰고 부모님께 연락해 300만 원을 보내 주고 나서야 그렇게 풀려났다고 했다.

자극적인 사건과 상황에 많이 노출되어 어지간한 일에는 잘 충격 받지 않던 나에게도 제법 충격적인 사건이었다. 정말 영화에서나 볼 법한 일이 일어난 것이다. 나는 동요 없이 내색하지 않은 채 물어보았다.

"그럼 이제 300만 원 줬으니 더 이상 안 괴롭히는 거야?"

녀석은 무덤덤하게 이야기했다.

"그 새끼가 그러겠어요? 돈 떨어지면 또 와서 삥 뜯겠죠."

그러면서 나에게 간절하게 도움을 요청했다.

"쌤, 나 좀 도와주시면 안 돼요? 나 도와줄 사람 쌤밖에 없는 거 아시잖아요. 한 번만 도와주시면 이제 진짜 사고 안 치고 마음잡을게요."

그 말을 듣는 순간 이건 아니다 싶은 마음도 들었고, 이 사건을 통해 녀석이 교회에 잘 올 수 있을 거라는 확신도 들었다. 나는 녀석이 있는 그 자리에서 양떼 아이들에게 연락을 돌려 선배라는 아이에 대해 알아보았다. 다행히 양떼 아이들 중 녀석과 친구인 아이가 있어 그 선배가 어떤 녀석인지 자세하게 알 수 있었다. 또래 친구들에게는 무척 착하고 순하게 행동하지만 유독 후배들, 그것도 나이가 어린 후배들에게는 악독하게 구는 녀석이었다. 나는 그와 동시에 내가 아는 믿음직한 형사님에게 전화를 걸어 전후 사정을 말씀드린 후 녀석에게 형사님의 번호를 주며, "더 이상 피해자로 있지 말고, 너 역시도 누군가의 가해자가 되지 말라"는 말을 덧붙이고는 선택할 수 있는 길들을 보여 주며 녀석을 다독여 집으로 돌려보냈다. 그리고 다음 날 녀석에게 전화가 왔고, 이 사건은 내가 소개시켜 준 형사님에게 전화를 걸어 선배를 신고하는 것으로 마무리 지어지는 듯했다.

그런데 며칠 후, 피해자 녀석의 부모님에게 전화가 걸려왔다. 짜증이 가득한 목소리의 내용은 이러했다. 돈 300만 원만 주면 끝낼 일을 왜 이렇게까지 복잡하게 만드느냐며 나에게 법적인 책임을 묻겠다는 것이었다. 너무 당황했던 나는 죄송하다는 이야기만 연거푸 했던 것 같다. 통화를 마치자마자 피해를 입은 녀석에게 전화를 걸었다. 그런데 녀석은 내 번호를 차단해 놨는지 전화 연결이 되지 않았고, 도리어 사건의 가해자였던 녀석에게 전화가 왔다. 녀석은 정중하게 이야기했지만 전화의 요지는 '당신이 뭔데 참견이냐, 간섭하지 마라, 당신이 간섭하면 일만 더 커지니까 신경 쓰지 마라'라는 내용이었다. 나는 순식간에 여기저기서 나쁜 사람이 되어 있었다. 도움을 부탁하는 이에게 도움을 주었더니 피해자, 피해자의 부모, 더불어 비판받아야 할 가해자에게까지 공격의 대상이 되어 버린 것이다. 힘이 쭉 빠지며 한숨이 나오기 시작했다. 내가 왜 이렇게 살아야 하는지 억울함과 불만이 나오려는 찰나, 마치 하나님은 나에게 직접 물어보시듯 한 가지 고민을 하게 하셨다. 그리고 그 고민의 내용은 지금까지 길거리의 거친 상황 가운데서도, 또는 어떤 유별난 아이들이나 죄와 실수투성이의 아이들을 만나도 굳건하게 복음을 전하게 해 주는 나의 사역적 동기와 신념이 되었다.

차이는 단 하나, 예수 그리스도

하나님이 나에게 직접 물으신 그 물음은 바로 '너와 이 녀석들의 차이가 무엇이냐?'라는 것이었다. 이 물음에 나는 한참을 생각해야 했다. 복음을 전해 보겠다고 이러고 있는 '나'와 여기 이렇게 피해자로, 또 누군가에게는 가해자로 있는 '녀석'의 차이는 무엇인가? 헌신과 사랑으로 도움을 주려 했던 나와 그 사랑을 이용하며 필요 없을 땐 가차 없이 버릴 수 있는 이 아이들의 차이는 과연 무엇인가?

나는 동일한 이 질문을 지금의 시대를 살아가는 교회들에게, 그리고 그리스도인들에게 던지고 싶다. 교회와 세상의 차이는 무엇에 있는가? 예배와 말씀, 신앙 안에서 살아가는 교회와 유행과 명예, 물질 등을 좇아 살아가는 세상에는 어떤 차이가 있는가? 복음을 전하는 이와 복음을 받아야 하는 이들 사이에는 어떠한 차이가 있는 것인가?

깊은 묵상 끝에 예수를 믿는 자와 예수를 믿지 않는 자들의 차이는 '예수'밖에 없다는 것을 알게 되었다. 이 사실을 알게 되니 겸허히 고백할 수밖에 없었다.

"주님, 나와 녀석들의 차이는 주님밖에 없습니다."

그 황당한 상황 속에서 도리어 마음의 평온함이 찾아왔다. 더불어 나의 쓴 뿌리까지 보게 되었다. 복음을 전하면서 도움을 준다고 노력하는 나는 도움이 필요한 녀석들에게 우위에 있는 마음을 가지고 있었던 것이다. 실상은 어떠한 우위에도 있을 수 없는, 그저 빚진 자임에도 불구하고 말이다. 나는 복음을 거저 받았다는 이유 하나로 그것을 빚이 아닌 내 소유인 양 마음의 우위를 점해서 나는 돕는 자이고 너희는 도움이 필요한 자라고 구분한 채 사역을 해 왔다. 이것이 깨달아지면서 나의 미련함에 너무도 부끄러워지기 시작했다.

교회는 그리고 예수 믿는 우리는 결코 세상으로부터 우위에 있지 않음을 깨달아야 한다. 선교나 복음 전파는 제국적 사고관과 선민의식을 바탕으로 마음속 우위를 점해서 일하는 것이 결코 아니다. 우리는 복음을 들어야 하는 대상자와 동일한 선에서 시작해야 한다. 실제가 그렇다. 나의 삶에 예수가 없었더라면, 나는 분명히 녀석보다도, 아니 그 누구보다도 악해질 가능성이 농후한 사람이라는 것이다. 예수를 믿는다면서도 이 정도 수준밖에 안 되니 도리어 악함과 미련함으로 따진다면 내가 더 연약한 것이었다.

그렇다면 반대로 이들이 예수를 믿게 되면 어떠한 일들이 일어날까? 분명한 것은, 이 녀석들이 예수님을 만나기만 한다면 나보다 더 뛰어나고 탁월한 복음 전파자와 사명자가 될 수 있다는 것이다. 나는 이것을 소망이라 이야기하고 싶다. 어떻게 이들에게 소망을 품을 수 있는가? 소년원을 몇 번씩 다녀오고, 늘 죄와 유혹에 빠져 힘들어하며, 자살 시도와 자해 가운데 무기력하게 삶을 포기하려 하고, 성매매 업소에서 일하거나 동성을 사랑하는 녀석들, 또한 생활관이나 조직폭력배의 세계에서 살아남기 위해 남에게 해를 가하는 이들을 어떤 시선으로 보아야 소망을 품을 수 있는가? 답은 똑같다. '예수 믿는 자와 예수 믿지 않는 자의 차이는 예수뿐이라는 것'이다. 나에게는 그보다 나은 점이 전혀 없으며,

그렇기에 그 또한 예수를 만난다면 분명 변화된다는 그 확신을 갖는 것이다. 그렇다. 소망은 예수를 보는 것이다.

이러한 소망의 공식에 의하면 현재의 녀석들은 소망이 없는 것이 아니라 단지 예수가 없을 뿐이다. 마찬가지로, 우리 삶의 한 영역이라도 절망이 존재하는 이유는 소망이 보이지 않아서가 아니다. 단지 예수가 보이지 않기 때문이다. 나는 아직까지도 위기의 다음세대들을 만나면 그들이 어떤 과거를 가지고 있든지, 어떤 상황과 환경에 있든지, 얼마나 좌절하고 절망하든지 전혀 신경 쓰지 않고 녀석들에게 소망을 이야기한다. 물론 소망을 이야기하는 내게 녀석들은 하나같이 바보 같고 멍청한 소리라고, 현실적으로 불가능한 이야기라고 말하지만, 나는 정말 소망이 보이며 기대가 된다. 예수님이 녀석들의 손을 잡으실 그 시점이….

우리는 지금 교회 안에 갇혀 있는지, 아니면 세상 가운데 교회가 되어 가고 있는지 자신의 삶을 냉철하게 관찰해야 할 때다. 세상을 바라보는 시선이 어떠하냐에 따라 우리는 교회에서 양육을 받고 있을 수도, 혹은 사육을 당하고 있을 수도 있기 때문이다. 세상과 교회의 간격은 예수뿐이다. 어느 누구도 세상에서 우위에 있는 마음으로는 예수 그리스도의 복음을 온전히 전할 수 없다. 예수님이 계신 곳, 예수님이 아파하시는 그곳, 울고 계시고, 바라보고 계시며, 어쩔 줄 몰라 하시는 그곳에 우리가 예수님과 함께, 예

수님처럼, 예수님 대신에 있기를 간절히 소망한다. 한때는 누군가
가 우리를 위해 그렇게 해 주었듯이 말이다.

복음밥 사역 일지

- 2016년 9월 6일 -

오늘 양떼 커뮤니티의 새로운 아들들을 만났다. 녀석들은 전부 소년원 출원생들이다. 사역의 특성상 소년원과 긴밀한 관계로 전국 팔도의 소년원을 다니며 복음도 전하고, 신앙 수련회도 인도해 주고 있다. 그러다 보니 소년원 출원생들을 제법 챙길 수 있게 되었다. 서울, 부산, 대전의 보호처분기관의 아이들… 갈 때마다 시설 안에서 만났던 녀석들을 이제 밖에서 만나게 되었다.

녀석들은 내가 거주하고 사역하는 지역과는 전혀 다른 곳에서 왔다. 서울 안에서도 제법 먼 지역이지만, 어쩌면 하나같이 양떼 아이들을 정말 알음알음 다 알고 있었다. 아이들 하나만 거치면 어지간한 녀석들은 전부 알수 있는 이 구조를 보니 신기하기도 하고, 또 이 바닥에서 이젠 제법 많은 네트워크가 형성되었다는 생각도 들었다.

만난 녀석들은 정말 착하고 의리가 좋은 진국 같은 녀석들이다. 고기나빙수를 사 주면 감사해하며 도리어 나를 먼저 챙기고, 뭐 하나 더 먹고 싶어도 꼭 물어보고 시키며, 따로 말하지 않아도 먹고 난 뒤에는 빈 그릇들을 본인들이 알아서 잘 정리한다. 그래서 그런지 녀석들과 함께 있으면 참 재미있으면서 마음이 편안해진다. 그런 아들 녀석들의 몸에는 온갖 문신들이 가득하다. 그래서인지 그 진국 같은 녀석들은 어딜 가나 특별한 경계와 눈치를 받는다.

나는 문신한 이들을 바라보는 외부의 시선이 좋지 않다는 것을 알고 있다. 사람들은 대개 아이들이 흉악해 보이거나 강해 보이려고 문신을 한다고 생각하지만, 실상은 다르다. 문신마다 나름의 주술적인 의미가 있어 스스로를 보호하려는 부적의 의미가 강하게 나타난다. 녀석들은 사실 삶의 공포와 공허에서 자신을 보호하려고 '멋'으로 가장한 문신을 하는 것이다. 그런 녀석들을 잘 알기 때문에 녀석들이 한 문신을 가만히 지켜보면 녀석들의 공허함이 마음을 때려 도리어 가슴이 아프다.

언젠가 녀석들의 몸에 있는 문신들을 하나하나 가리키며 뜻을 물어본 적이 있다. '이레즈미 무사도'를 하면 명예를 얻을 수 있으며, 정의롭고 의리가 있어진다고 한다. '달마'는 액운을 막아 준다고 하며, '뱀'은 불로불사한다는 의미를 가지고 있어 장수한다고 한다. '용'은 출세나 권력, 부귀영화를 불러들인다고 하며, '나마쿠비'나 '잉어', '마네키네코'는 병이나 귀신을 쫓아내고 재물과 사람들을 불러 모은다고 한다. 그리고 요즘 가장 많이 하는 '한야'는 스스로 화를 잠재울 수 있도록 도와준다고 한다.

녀석들에게 들은 뜻을 생각하며 그려진 문신들을 보니 사실 녀석들은 삶 가운데 가장 필요한 요소들을 문신으로 이야기하고 있었다. 궁핍한 가정환경, 곤궁한 마음, 공허한 삶과 상처로 얼룩진 생활들….

녀석들에게는 복음이 필요하다. 예수가 녀석들의 삶에 충족되면 나와 마찬가지로 이 모든 것들을 배설물로 여길 것이 분명하다. 문신 가득한 녀석들의 팔뚝을 만지며 마음으로 고백한다.

'예수님이 너를 보호하시리.'

'예수님이 너와 함께하시리.'

5. 무례와 배려

우리가 예수를 먼저 믿었다는 것은

먼저 믿은 자로서의 모범과 삶의 자세를 명확하게 보여야 하기 때문에

더 부담스럽고 더 무거운 십자가다.

하나님이 온 인류를 향한 구원의 계획을 나를 통해 일으키시려고

수많은 신앙의 선배들의 피 뿌림으로 흘러온 복음을

나에게 먼저 믿게 하신 것이다.

섬기던 교회에서 나오게 되면서부터 위기 청소년들을 전문적으로 선교하기 위해 '양떼 커뮤니티'라는 선교 단체를 만든 후, 지금까지 수많은 위기 청소년들과 청년들을 만나며 살아왔다. 때로는 소년원에서, 때로는 길거리에서 그리고 센터에서, 위기 청소년들을 만날 수 있는 장소라면 어디든 달려가서 녀석들을 만나 관계를 쌓고 복음을 전했다.

주 중에는 대부분 새벽 시간에 아이들을 만나 복음을 전했다. 힘들고 아픈 삶을 함께 나누며 토요 양떼 예배에 초청해 그곳에서 함께 예배하며 하나님을 만날 수 있도록 도왔다. 분명 우리의 가장 중요한 우선순위는 예배였지만, 그렇다고 우리가 또 예배만

드리는 단체는 아니었다. 양떼 커뮤니티의 이름으로 연간 큰 행사를 대여섯 번은 열었던 것 같다. 거리의 아이들과 함께 여러 교회의 청장년들을 멘토로 교육시켜 캠프를 했던 '일진캠프'(유일한 진리 예수 그리스도), 녀석들과 선교를 한번 당해 보자고 함께 나갔던 필리핀 '선수당'(선교를 수없이 당하는 여행), 검정고시를 위한 '공부방', 엔터테인먼트 작사가와 작곡가들과 함께했던 음악 앨범 '〈선물 프로젝트〉 1, 2집' 그리고 근 8년여 동안 수없이 많은 이름들로 행해진 약 80여 회의 캠핑 및 여행과 여러 청장년들을 교육시키며 함께 동역했던 소년원 사역들…. 어느 법인 재단에 속해 있던 센터장님 한 분이 우리 양떼 사역을 쭉 지켜보시고는 "어지간한 법인 단체들이 하는 일들보다 두세 배는 더 많은 일들을 한다"는 이야기를 하셨을 만큼 우리는 복음을 전하는 일에는 아낌없이 모든 것들을 내려놓았던 것 같다.

위기 청소년 사역에 대한 연합적인 대외 행사를 할 때마다 나는 매번 기존 교회의 교인들이나 기성세대들에게 함께 사역에 동참해 달라는 요청을 해 왔다. 이들을 초청해서 교육시키고 사역의 현장에 동참시키는 것을 나는 또 하나의 중요한 위기 청소년 사역으로 생각했기 때문이다. 위기 청소년들에게는 교회 문화를 가지고 살아가는 일반적인 어른들의 삶의 모델이 필요했고, 교회나 기성세대들에게는 단기간이지만 위기 청소년들을 직접 만나 경험하고 함께함으로 혹여 각자가 섬기는 교회나 삶의 자리에서 위기 청소년들을 만났을 때 적어도 그들을 선입견만으로 쫓아내지는 않을 거라는 마음이 컸기 때문이다.

그런데 이러한 연합 행사를 진행할 때마다 그렇게 교육을 시키고 부탁을 하건만, 매번 아이들에게 무례하게 행동하는 이들을 만나게 된다. 그들의 그러한 태도가 아이들을 도리어 복음으로부터 멀어지게 하는 것도 모르고 말이다. 그런데 참 재미있는 사실은, 매년 실수하는 그 무례한 행동들이 일관적으로 비슷하다는 것이다. 매년 다른 사람들이 오지만 같은 무례를 범한다는 것은, 어쩌면 이 시대 그리스도인의 삶의 자세나 어떤 사고에서 반영되는 현상 중 자연스럽게 나타나는 무엇인가가 있다는 의미일 것이다.

무례인 줄 모르는 무례함

그렇다면 그리스도인들이 범하기 쉬운 무례함에는 어떤 것들이 있는가? 그중에서도 특히 위기 청소년들에게 범하기 쉬운, 우리 안에 은연중에 자리한 무례한 행동들에는 어떤 것들이 있는가?

선민의식

첫 번째는, 그리스도인으로서 설명할 수 없는 선민의식이 근본적으로 마음 가운데 자리 잡고 있다는 것이다. 그것이 마음에만 자리 잡고 있다면 무엇이 문제겠는가. 문제는 마음 가운데 자리 잡은 선민의식을 마치 특권 계층의 계급으로 생각하고는 행사에 온 위기 청소년들, 혹은 예수님을 믿지 않은 이들을 은연중 하대한다는 데서 발생한다. 먼저 예수님을 믿었다는 것이 알게 모르게 마음속에서 '나는 선택받은 선민'이라는 우월감으로 작용하는 것이다. 그러다 보니 우리는 우리도 모르는 사이에 예수님을 믿지 않는 이웃이나 세상 속에서 소외된 자들, 혹은 다음세대들에게 권위적으로 가르치려만 들고 마치 자신들은 '도움을 주는 사람'으로만 남으려 한다는 것이다.

그런데 안타까운 것은, 세상도 그것을 안다는 것이다. 그래서 때때로 우리의 이런 행동을 어떤 형태로든 거부하는 이들이 나오게 되는데, 그때 우리는 우리의 가르침을 받지 않고 거부하는 이들을 적으로 삼을 때가 많다. 대개는 마음속의 선민의식이 강할수록 이러한 경우 화와 울분을 내기 시작하는데, 그 끝은 '세상이 말세고 이렇게 악하다', 혹은 '요즘 아이들이 이렇게 무너졌고 예의가 없다'는 등의 이야기를 하며 그동안 쌓은 관계를 최악으로 치닫게 만든다. 이는 예수님을 믿지 않는 입장에서 볼 때 그 누가 보더라도 그들의 마음 가운데 세상과 교회 사이의 명확한 선이 있다는 것을 느끼게 해 준다.

물론 성경에 나오는 이스라엘의 사고와 가치, 문화에 이 선민의식이라는 것이 가득한 것은 사실이다. 그들은 스스로를 구별하려 노력했고, 이방 문화와 민족들 사이에서 하나님의 택하신 백성이라는 가치를 잃지 않으려고 끊임없이 노력하며 살아왔다. 이스라엘이 이방 민족들과 연합하며 함께 뒤섞여 살아갈 때마다 하나님이 진노하셨음은 부정할 수 없는 사실이다. 그러나 그것이 오늘날의 예수님을 믿는 자와 예수님을 믿지 않는 자를 나누는 잣대로 사용되어서는 결코 안 된다.

구약의 선민사상을 말하려면 필수적으로 이야기해야 할 것이 하나 있는데, 그것은 '언약'이라는 것이다. 애초에 선민의식이 생겨나게 된 배경이 이 언약에 있기 때문이다. 이 언약에서 가장 중요한 것은 하나님이 일방적으로 이스라엘을 자신의 백성으로 선택하시고 '내가 너의 하나님이 되어 주겠다'는 은혜의 약속을 주셨다는 것이다. 그러니까 이 언약의 주인은 하나님이신 것이지 이스라엘이 아니다. 이스라엘이 하나님을 선택하거나 쌍방 간에 합의가 되어서 이루어진 것이 아니라, 하나님이 당신의 무한하신 은혜로 이스라엘을 선택하신 것이다. 이는 결코 이스라엘 민족이 다른 민족보다 더 우월하거나 거룩해서, 또는 힘과 군사력이 막강하거나 종족적으로 뛰어나서가 아니다. 그저 온 인류를 구원하시려는 하나님의 구원 계획에서 이스라엘 백성이 먼저 택함 받은 것일 뿐이다.

> "또 여호와의 말씀이 내게 임하여 이르시되 인자야 예루살렘으로 그 가증한 일을 알게 하여 이르기를 주 여호와께서 예루살렘에 관하여 이같이 말씀하시되 네 근본과 난 땅은 가나안이요 네 아버지는 아모리 사람이요 네 어머니는 헷 사람이라 네가 난 것을 말하건대 네가 날 때에 네 배꼽 줄을 자르지 아니하였고 너를 물로 씻어 정결하게 하지 아니하였고 네게 소금을 뿌리지 아니하였고 너를 강보로 싸지도 아니하였나니 아무도 너를 돌보아 이 중에 한 가지라도 네게 행하여 너를 불쌍히 여긴 자가 없었으므로 네가 나던 날에 네 몸이 천하게 여겨져 네가 들에 버려졌느니라"(겔 16:1-5).

이스라엘도 결국에는 하나님의 선택을 입어서 선민이 된 것이다. 그 이전은 오히려 가장 연약하고 아픈 민족이었음을 기억해야 할 것이다.

우리의 선민 됨은 누구를 위함인가? 우리는 깊이 생각해 보아야 한다. 실제로 내가 맡고 함께하는 위기 청소년들 중 약 90퍼센트는 어릴 적 교회에 한 번씩 가 본 녀석들이다. 그리고 그 교회에서 본인들 말로는 쫓겨났다고 한다. 교회에서 위기 청소년들이나 소외 계층들이 어떤 방법으로 쫓겨나겠는가? 직접적으로 그들을 오지 말라고 핍박하고 쫓아내는 교회는 없을 것이다. 사실 그런 교회는 흔하지 않다. 그런데 위기 청소년들이나 소외 계층처럼 삶에서 예수님과 교회를 접할 기회가 없는 이들이 오게 되면 분위기 자체가 냉담해지게 된다. 그리고 그 냉담은 상대방에게 적의로 느껴지게 된다. 그들도 아는 것이다. 이곳, 이 공동체가 나를 싫어한다는 것을…. 아무리 새 신자에게 사랑하고 축복한다고 노래를 불러 줘도, 이미 그러한 냉담을 느낀 대상에게는 그 모든 것이 무의미한 것이 되어 버린다.

　우리가 예수를 먼저 믿었다는 것은 먼저 믿은 자로서의 모범과 삶의 자세를 명확하게 보여야 하기 때문에 더 부담스럽고 무거운 십자가다. 하나님이 온 인류를 향한 구원 계획을 나를 통해 일으키시려고 수많은 신앙의 선배들의 피 뿌림으로 흘러온 복음을 나에게 먼저 믿게 하신 것이다. 그렇기에 진정한 선민은 '다름을 선포하며 선을 긋는 것'이 결코 아니다. 같은 추악한 죄인이지만, 예수 그리스도가 살리신 은혜를 깨닫고 그 은혜의 손길에 이끌리어 그리스도의 길을 좇아 살다 보니 세상의 가치와 중요와 방법에서부터 '삶이 자연스럽게 다름으로 연결되는 것', 이것이 그리스도적 선민의식이다. 구별되는 것은 결국 말이나 정죄함이 아닌 우리의 의식과 실천에서 나타나기 때문이다.

모든 것을 영적으로 해석함

두 번째는, 모든 것을 영적으로만 해석하려 하는 경우다. 모든 일과 방법에 지나치게 성령과 악령을 강조하는 사람들로부터 아이들이 많은 상처를 받는다는 것이다. 한 번은 어느 교회에서 여 전도사님으로 은퇴한 나이 지긋하신 한 여성분과 함께 소년원 사역을 간 적이 있었다. 소년원에 있는 아이들은 처음 만난다면서 교육을 원하셨기에 그곳에서 이야기하면 실례가 되는 언행들과 아이들의 대체적인 성향과 상황들을 잘 설명해 드린 후 함께 소년원에 가 아이들을 만났다. 그 한 주는 아무 일 없이 넘어가는 것 같더니, 그다음 주에는 멘티로 지정받은 아이가 나에게 와서 온갖 불만과 짜증을 쏟아내기 시작했다.

"지난주에 그 할머니 대체 뭐예요? 진짜 짜증나 돌아가실 뻔했어요. 할머니라 때리지도 못하고 짜증나서…. 자꾸 이러면 저 기독교 반 안 오려고요."

단 한 번도 이런 말을 한 적이 없는 아이였다. 소년원 안에서도 생활을 참 잘하던 아이가 짜증을 내며 쏟아내는 말에 깜짝 놀란 나는 녀석을 달래며 물어보았다. 녀석이 말하기를, 그 전도사님이 가족사에 대한 이야기를 물어보셔서 전부 이야기했는데 자신과 아버지를 마귀라고 했다는 것이다. 녀석의 집안 이야기는 나도 제법 잘 알고 있었다. 녀석은 어릴 적부터 아버지와 단둘이 살았다. 어머니는 기억에 없을 만큼 어린 나이에 집을 나가 버렸고, 아버지는 경마와 여자에 삶을 다 바치다시피 해 집과 녀석을 방치했다. 그러다 보니 녀석은 초등학교 입학 전부터 홀로 쓸쓸하게 자랐는데, 생계를 위해 아는 형들을 따라다니며 살다 보니 여기까지 오게 된 것이었다.

사실 그렇다. 위기 청소년들을 한 명 한 명 만나 보면 다들 너무 아프고 자극적인 삶을 살아왔다. 도리어 내가 그런 가정에서 태어났으면 난 벌써 죽었겠다 싶은 상황들의 연속인 삶…. 그 가운데서 이 정도로 자라 준 것이, 그리고 살아 준 것이 도리어 대견하고 훌륭해 보이는 녀석들이다. 그런데 그런 녀석에게 노 전도사님이 "너희 아빠도 너도 음란한 영이 가득하다. 가족을 찢어 놓는 것은 사탄 짓이니 성령을 받아야 한다"고 이야기하면서 녀석을 붙잡고 계속 방언으로 기도했다는 것이다. 이 이야기를 듣는데 그 무례함에 너무 화가 났다. 얼마나 싫었을까? 그 상황을 도리어 잘 참고 넘어가 준 녀석이 더 성숙해 보이고 고마웠다.

'팩트 폭행'이라는 말이 있다. 설령 맞는 이야기이며 그것이 사실일지라도 누군가에게는 그 사실이 폭력이 되고 폭행이 되기도 한다. 어떻게 전하느냐에 따라 복음은 기쁜 소식이 되기도, 상처를 찢는 폭행이 되기도 한다는 것을 알아야 한다.

함께 사역을 해 보면 이런 식의 일들을 허다하게 경험한다. 술, 담배를 하는 아이들을 중독의 영이 임해서 그런 것이라고 겁박하면서 억지로 앉혀 놓고 기도하거나, 아이들이 욕을 한다며, 혹은 혈기나 정욕이 많다는 등의 다양한 이유로 사람들은 자신의 영성을 앞세워 무례를 범한다. 이는 꽤 많은 그리스도인들이 삶에서 일어난 일들을 영적인 현상으로만 구분하려 하는 사고관을 가지고 있다는 것을 의미할 것이다. 이런 이들의 특징은 강압적이며 폭력적이다. 그리고 대부분 일방적이다. 신앙의 의미를 사탄의 영과 싸우는 것에 두니 자연스럽게 언어와 행동이 강압적이 된 것이라 생각한다. 한데 재미있는 것은, 성령과 악령을 강조하는 사람들이 도리어 눈에 보이는 행동과 모습으로 어떤 이의 신앙 상태를 판단한다는 것이다. 영적임을 강조하는 사람들의 판단 기준이 도리어 더 육적이라는 것이 참 아이러니하다.

변화는 예수로부터

이런 사람들을 많이 만나다 보니 자연스럽게 양떼 커뮤니티 안에 철학이 세워졌다. 그중 하나가 '변화는 예수 그리스도를 만남으로 이루어진다'이다. 우리 힘으로 섣불리 변화를 이끌려 하지 말고, 조금 더디더라도 예수님을 만나게 해 주는 나침반의 역할만 감당하자는 것이다.

위기 청소년들의 삶의 변화를 위해 여러 방법으로 도움을 주고 싶었다. 하지만 계획했던 모든 방법들이 결론적으로는 실패하게 되었다. 아이들은 그 자리에서 결단하고 눈물을 흘리며 마음을 다잡는 그럴듯한 은혜의 모습을 보여 주었다. 믿어 달라는 절규와 눈물의 호소도 제법 많이 봐 왔다. 하지만 그러한 결단이 무색할 만큼 무너진 삶의 자리, 반복되는 죄의 습관으로 돌아가는 아이들을 볼 때면 근본적인 변화는 어디에서 어떻게 일어나는지를 계속해서 고민하게 된다.

상황을 지켜보며 내린 결론은, 근본적인 변화는 예수를 만나야만 일어나게 된다는 것이다. 전하는 이의 말이나 행동, 또는 그의 어떠함으로는 결코 변화가 일어나지 않는다. 원론적이고 다 아는 이야기 같지만, 이것을 진정으로 깊이 알게 되면 복음을 전하며 나타나는 무례한 언행이나 과한 열정들이 많이 감소될 것이다.

예수가 아닌 다른 것으로도 변화가 있는 것처럼 행동하거나 노력할 수는 있다. 하지만 결국 이전 삶의 반복만 이뤄질 뿐이라는 것을 알아야 한다. 이것이 정립되니 해야 할 일이 좀 더 분명해졌다. 우리는 술, 담배나 욕을 끊게 하기 위해 아이들을 만나는 것이 아니다. 이러한 삶의 변화는 우리에게도 쉽지 않다. 우리는 이들에게 메시아가 될 수 없다. 다만 우리는 예수 그리스도를 전하기 위해 이 자리에 있을 뿐이다. 이러한 마음이 복음을 전하는 우리의 마음 가운데 자유를 준다.

문득 기억나는 사건이 있다. 어느 날 한 아이가 내게 담배에 대해 물었다. 그때도 양떼 커뮤니티 행사가 있어 어른들과 함께하고 있었다.

"전도사님, 담배 피우면 지옥 가요?"

나는 대답했다.

"아니, 천국 갈 수 있어. 그런데 좀 빨리 가."

그러자 아이가 말했다.

"에이, 끊어야겠네."

이것이 우리의 통상적인 언어다. 그러나 교회가 깨끗해야만 하는 누군가에게는 정죄와 비난의 이유가 된다. 진흙탕 안에 뛰어들지 못하는 사람은 그 안의 진주를 얻지 못한다. 어쩌면 다음세대 사역이 안 되는 이유는 우리가 다음세대를 가려가며 받기 때문은 아닌지 생각해 보아야 할 것이다.

배려를 배우다

그리스도인들에게는 세상을 향한 배려가 필요하다. 특별히 현시대의 사람들 눈에 비친 기독교의 모습은 무례하기에, 더욱더 복음을 향한 열정과 구령만큼의 배려가 필요하다. 그렇다면 배려란 무엇인가? 내가 정의하는 배려는, 상대방의 입장에서 생각하고 행동하는 것이다. 물론 우리가 전하는 복음은 진리다. 진리는 절대적이며 결코 변할 수 없다. 이는 상대가 믿든 안 믿든 진리이며, 이것을 세상이 독단적이라 이야기해도 어쩔 수 없다. 다만 믿는이는 누리고, 믿지 못하는 이는 누리지 못할 뿐이다.

우리는 이 불변의 진리인 복음을 전하는 자들이다. 이 불변의 진리를 상대방의 방식과 입장에서 생각하고 전하는 것을 나는 기술이라 생각한다. 누가 전하고 어떤 이가 받아들이느냐에 따라 이 절대적 진리인 복음에서 천차만별의 반응이 나오기 때문이다.

교회 안에서만 자랐던 나는 교회 문화와 방법으로만 복음을 전하려고 했다. 그리고 그 모습과 방식이 세상에는 무례할 수 있다는 것을 뒤늦게 배웠다. 배려에 대한 생각이 많아질 때쯤 오히려 교회 안에서만 있었을 때는 배우지 못했던 배려를 양떼 커뮤니티 아이들과 함께한 여행에서 배우게 되었다.

여름이 되면 우리는 한 달에 네다섯 번 이상을 계곡으로 놀러 간다. 양떼 커뮤니티 안에는 여러 부류의 위기 청소년들이 있는데, 아이들 간에 서로 섞이기 힘든 부류가 있어 부서를 나누어 사역하다 보니 어느 한 부서만 놀러 갈 수 없어 일주일에 한 번씩 부서별로 계곡으로 향하는 것이다.

그날은 양떼 커뮤니티 최고참인 성인 녀석들과 양평의 한 계곡으로 놀러 간 날이었다. 녀석들은 대개 청소년 시절부터 무면허로 운전을 하며 다녔기에 어지간하면 전부 운전을 할 줄 알았다. 그중에는 일찌감치 면허를 딴 후 개인 차를 몰고 다니는 녀석들도 있었다. 당시 여러 설교와 강의 일정으로 지쳐 있던 나에게 녀석들은 편하게 가라며 우리 집 앞까지 본인들 차를 몰고 나를 태우러 왔다. 새벽까지 술 마시느라 잠을 못 잤다는 녀석들을 위해 커피를 한 잔씩 사 들고 마시며 출발하려는 찰나, 운전하는 녀석이 갑자기 크게 음악을 틀었다. 그런데 소음처럼 느껴질 만큼 크게 틀어진 음악은 클럽 음악도, 댄스나 힙합, 최신 유행가도 아닌 찬양이었다. 생각지도 못한 찬양이 흘러나왔다. 그것도 클럽에서 시끄러운 음악이 나오는 것처럼 아주 크게 말이다. 주위를 의식해 당황하는 나에게 녀석이 물었다.

"전도사님, 이거 알아요?"

찬양을 늘 들어 온 나는 당연히 알고 있었다.

"어… 그거 예수전도단 찬양이야. 〈Winning All〉 아냐?"

그러자 녀석들은 놀라면서 이야기했다.

"헉, 어떻게 알았어요? 목소리만 듣고?"

그러고는 다른 음악을 트는데 역시나 아는 찬양이었다.

"야, 이건 마커스 찬양인데? 이건 어노인팅이다. 이건 소리엘이네!"

목소리만 듣고 누구의 찬양인지 다 알아맞히는 나를 녀석들은 신기하게 바라보며 당황해 했다. 하지만 사실 당황한 것은 나였다. 주위에 있는 모든 사람들이 들을 수 있을 만큼 엄청난 사운드로 들리는 찬양이나, 찬양을 틀어 놓은 채 온갖 신호를 무시하면서 한쪽 창문으로는 문신이 가득한 팔을 뻗으며 위협하는 모습 때문도 있지만, 나를 가장 당황스럽게 한 것은 교회에도 다니지 않는 녀석들의 차에서 찬양이 흘러나온다는 것이었다.

멍한 표정으로 바라보는 나에게 녀석들은 얼굴을 붉히며 수줍게 이야기했다.

"전도사님은 가요나 클럽 음악 안 듣잖아요. 그래서 제일 신나는 기독교 음악으로 준비했어요."

녀석들은 나를 배려했던 것이다. 사실 내 음악 폴더 안에는 힘들고 거친 하드코어 운동을 할 때 듣는 강한 비트의 음악이나 클럽 음악들이 많이 들어 있다. 그런 음악을 크게 틀어 놓고 운동을 하면 효과가 좋기 때문에 익숙하게 듣는다. 그럼에도 녀석들의 마음과 배려에 너무 감사했다. 나는 "야, 나는 괜찮아. 너희들이 편

한 음악, 너희들이 좋아하는 거 틀어"라고 했지만, 녀석들은 "이것
도 좋으니까 괜찮아요"라며 끝내 찬양을 크게 틀어 놓았다. 나는
나를 위해 생전 단 한 번도 들어 보지 못한 찬양을 준비했을 녀석
들의 그 시간이 너무 귀하게 느껴졌다.

그렇게 찬양을 들으며 난폭한 운전 끝에 계곡에 도착했다. 도착
하자마자 우리는 미리 준비한 고기와 해산물을 구우며 식사를 했
다. 앞서 말한 것처럼 녀석들은 모두 성인이다. 사실 그 자리에서
술을 마신다고 해도 누구 하나 뭐라고 하지 못할 것이다. 그리고
친구들끼리 왔다면 분명 엄청나게 마셔 댔을 것이다. 녀석들은 늘
술을 마시고, 잘 마시며, 그것에서 위로를 받기 때문이다. 그런데
녀석들은 사이다와 콜라만 준비했을 뿐, 술은 아예 준비하지 않았
다. 담배도 역시 마찬가지다. 우리 전도사님, 또는 우리 형은 교회
다니니까 담배 냄새 싫어한다며 결단코 내 앞에서는 담배를 피우
지 않았다. 나를 배려한 것이다. 그 배려에 도리어 내가 힘과 위로
를 얻었다. 그리고 어떻게 녀석들에게 복음을 전해야 하는지 깊이
고민하게 되었다. 녀석들은 저녁까지 놀고 난 후 나를 집 앞까지
데려다 주고는 고맙다고 꾸벅 인사를 했다. 하루의 시작부터 마지
막까지 나를 향한 그 배려의 반절이라도 내가 녀석들을 생각하고
배려한다면, 분명 복음은 무례하게 다가가지 않을 것이다.

배려는 내가 아닌 상대방의 입장에서 생각하는 것이다. 상대를

의식하고 배려하는 것, 그것은 분명 사랑의 원형 중 하나다. 누군 가를 사랑한다면 변하게 되는 삶의 자세가 있는데, 그중 하나가 자기중심적인 모습에서 사랑하는 이 중심, 즉 이타적인 자세와 배려의 모습으로 변화되는 것이다. 어쩌면 우리의 배려 없음은, 사실 우리가 복음을 전하면서 쉽게 사랑한다고 이야기하지만 깊게는 그리고 진심으로는 사랑하지 못한다는 증거 중 하나가 아닐까 생각한다. 배려 없는 사역자, 배려 없는 목회자, 배려 없는 그리스도인, 배려 없는 교회로부터 오히려 복음이 가려지고 있음을 우리는 알아야 한다. 복음을 전할 때, 혹은 그리스도인이라는 이름을 사용하며 살아갈 때 우리는 늘 상대방을 배려하며 대해야 할 것이다.

복음밥 사역 일지

- 2016년 9월 20일 -

몇 달 전, 양떼 예배에 제법 잘 나오며 적응을 잘해 나가던 녀석의 자살 사건이 있었다. 함께 예배하고 밥도 같이 먹으며 깊은 교제를 하던 딸이었다. 공동체에서 여기저기 다니는 여행에도 동참한 아이였는데, 특별히 놀러 갈 때면 늘 환하게 웃으며 친구들을 잘 챙겨 왔던, 제법 많은 추억을 공유한 아이였다.

힘들고 아픈 청소년기를 보내면서도 그 어려운 환경 속에서도 대학에 가려고 노력했었고, 원서 접수 전날까지도 SNS 메시지로 기도해 달라며 떨린다고 앙탈을 부리던 녀석이었다. 기도는 물론이거니와 조만간 날 잡아서 꼭 고기 사 주겠다고 약속했었는데, 감사하게도 녀석은 대학에 붙어서 학교가 있는 지방으로 이사를 갔고, 나 역시도 여러 모로 바쁜 상황 가운데 그 약속을 지키지 못하고 있었다. 그나마 SNS에서 보이는 녀석의 모습이, 그리고 한 번씩 연락해서 감사하다고 말하는 녀석의 모습이 너무 밝고 행복해 보여서 녀석의 삶을 축복해 주며 넘어갔는데, 얼마 전에 녀석이 술을 마시고 건물 위에서 뛰어내려 죽었다는 소식을 들었다.

녀석의 환한 미소가 보이는 듯해 정말 심장이 저미는 아픔이 몰려왔다. 그때 그냥 가지 말라고 할 걸…. 그냥 우리 공동체에서 쭉 함께하자고 이야기할 걸…. 대학 간다는 말에 축하한다며 보낸 내가, 바쁘다는 핑계로 얼굴 한번 보러 가지 않은 내가 너무 무책임해 보여 참 많이 울었다.

어제 사역을 마친 후 사역에 동참했던 한 기관의 아들이 명절을 맞아 집에 갔다가 자살 시도로 건물 옥상에서 뛰어내렸다는 소식을 들었다. 녀석은 지금 의식불명으로 중환자실에 있다고 한다. 폐와 간, 고관절 등이 많이 손상되어 힘들어하는데, 엎친 데 덮친 격으로 폐와 간이 많이 부어서 수술도 못 하고 있는 상황이었다.

사역하던 그 기관의 녀석들 중 가장 마음이 쓰이고 예뻐하던 녀석이었다. 아프고 어려운 가정환경 속에서도 나름 열심히 살아 보고자 노력하는 녀석이 대견해 일부러 장난도 많이 치고 말도 많이 걸었었는데 그렇게 되었다니 정말 마음이 사무치게 아프다.

이럴 때마다 나는 지금 무엇을 위해서 사는가 심각하게 고민하게 된다. 무엇을 위해 이렇게 바쁘게 살고, 무엇을 위해 사역이라는 이름의 일들을 감당하는지 되새겨 본다.

의식불명임에도 내 자식 아니라며 찾아오지 않는 녀석의 무정한 어미…. 자녀가 울며불며 힘들어해도 그저 본인의 만족과 유흥을 위해 아이들을 이용하는 아비…. 아픔 가운데 떠밀려 올라갔을 때 방관하며 손잡아 주지 못한 나를 포함한 이 사회의 어른들과 제도….

이 글을 쓰는 나는 지금 휴가차 가족들과 강원도의 제법 괜찮은 곳에서 숙박 중이다. 그리고 이 글을 쓰는 순간순간의 내가 역겹다. 뛰어내린 녀석들의 마음을 조금이라도 이해해 보려고 14층의 숙소 발코니에서 밑을 내려다보았다. 녀석들, 이렇게 무서운데 어떻게 뛰어내렸을까…. 녀석들은 혹시 사는 것이 이보다 더 무서웠던 것은 아니었을까?

"소 잃고 외양간 고친다"는 것만큼 생명에 있어 무책임한 속담이 있을까? 잃어버린 생명은 결코 고칠 수 없는 것이다. 살려 내야 한다. 더 이상 잃지 말아야 한다.

6. 책임을 회피하면 책망을 받는다

나는 어느 시대든지 세상의 아픔에 대한 책임은

그리스도인들에게 있다고 확신한다.

본질적으로, 또한 근본적으로 살릴 수 있는

복음이라는 치료제는 그리스도인들만 가지고 있기 때문이다.

그렇기에 어디를 가나 이야기할 수밖에 없다.

구원은 책임이 동반된다고,

정죄와 비판만 하는 곳에서는 그 어느 것도 변할 수 없다고 말이다.

나는 목회자이며 사역자다. 나는 '목사'라는 영광스러운 직분을 가지고 살아가지만 일반 목회자들과는 전혀 다른 삶을 살아가고 있다. 나의 주된 활동 시간대는 모두가 잠을 잘 늦은 저녁 시간과 이른 아침 시간의 사이이며, 내가 거주하는 곳은 따뜻한 빛이 가득한 교회보다는 술집 거리, 소년원, 유흥가, 모텔 촌 등의 네온사인 빛으로 가득한 곳이다.

나와 함께하는 동역자들도 일반 목회자들과는 사뭇 다르다. 법무부 직원, 형사, 판사, 고깃집 사장 등, 그들의 종교가 무엇인지는 알 수 없으나 이러한 이들과 동역하며 목회를 한다. 위기 청소년들을 만나 근 8년을 함께 살면서 이 시대의 복음 전파는 무엇이고, 또 복음은 어떤 대상에게 전해져야 하는가를 끊임없이 묵상하게 되었다. 그리고 교회와 세속을 함께 살아가며 그 속에서 구속하심을 외쳐야 하는 먼저 믿은 우리의 책임에 대해 함께 나누어 보고 싶었다.

책임의 대상은 누구인가

위기 청소년 및 청년들과 함께 살다 보면 배우지 않아도 자연스럽게 알게 되는 것들이 있다. 욕의 의미라든가 십 대들이 사용하는 신조어, 그리고 법이 그렇다. 녀석들이 관여된 여러 사건 사고들에 얽히다 보니 자연히 법을 알아야 하는 상황들이 발생하기에 나는 종종 법에 관한 책을 편다. 책을 보던 중 몇 가지 재미있는 법을 발견했는데, 첫째는 '방임죄'고, 둘째는 '직무유기죄'다. 이 두 가지 죄목이 나의 마음을 이끌었던 이유는 하나인데, 오늘날의 그리스도인이 그리고 교회가 하나님 나라에 갔을 때 받게 될 죄명 같아서다.

'방임죄'는 범죄 행위를 내버려둠으로써 성립하는 범죄다. 범죄가 일어나지 않도록 막거나 막을 대책을 세울 수 있었음에도 불구하고 범죄가 수행되는 것을 그대로 내버려두었을 때 성립한다. '직무유기죄'는 국가의 공무원이 정당한 이유 없이 직무 수행을 거부하거나 유기하는 죄다. '방임죄'와 '직무유기죄', 현시대의 우리 그리스도인이 짓는 죄와 놀랍도록 흡사하지 않을 수 없다.

'세속화의 방임죄'

이 세대가 죄와 아픔 가운데 허덕이는 것을 막거나 막을 대책을 주셨음에도 불구하고 교회 안에서 본인들의 신앙만 지키며 살아가다가 결국 세대는 죄 가운데 어그러지도록 내버려두며 묵인하는 것.

'하나님 나라 백성의 직무유기죄'

하나님 나라의 백성으로서 정당한 이유 없이 복음 전파의 수행을 거부하거나 그 직무를 유기하는 것.

나는 어느 시대든지 세상의 아픔에 대한 책임은 그리스도인들에게 있다고 확신한다. 본질적으로, 또한 근본적으로 살릴 수 있는 복음이라는 치료제는 그리스도인들만 가지고 있기 때문이다. 그렇기에 어디를 가나 이야기할 수밖에 없다. 구원은 책임이 동반된다고, 정죄와 비판만 하는 곳에서는 그 어느 것도 변할 수 없고 말이다. 우리는 알고 있지만 막상 그 구원의 책임성에 대한 부분은 놓치는 경우가 많다. 설령 놓치지 않는다 하더라도 예수를 믿는 우리는 그 책임을 교회 건물이라는 한정적인 공간 안에서 이루어지는 어떤 일들로만 생각할 때가 많다. 그러나 그리스도인의 진정한 사명이자 책임은 교회 건물 안에서만 이루어지는 것이 아니다. 오히려 사회와 세대를 향한 복음 전파에 더 비중을 두어야 한다. 개인적인 신앙 역시 마찬가지다. 신앙 또한 누군가에게 설교나 신학적 지식으로 배울 때보다는 세대를 향한 아픈 마음을 가지고 한 영혼에게 복음을 전할 때 더 많은 깊음과 성숙이 일어난다.

결국 그렇다. 교회에서 이야기하는 헌신의 대부분은 교회의 생존을 위한 것임을 부정할 수 없다. 그리고 그 교회의 생존을 위한 욕구는 비성경적으로 흘러가다가 세속과 맞물려 놀랍게 타락하기도 한다. 나는 결코 교회를 부정하지 않는다. 신앙의 선배들이 이룩한 좋은 교회 공동체의 문화도 존중한다. 교회 안에서 헌신하는 성도들의 순결한 신앙과 기도, 예배 등은 세상을 바꿀 능력이 되며, 교회만이 이 땅의 소망이고 그리스도의 몸 된 공동체다. 그렇기에 이야기할 수 있다. 교회가 사는 길은 간단하다. 교회가 사는 길은 속한 그 지역에서 죽는 것, 그것뿐이다. 그 지역을 향해 복음을 전하며 손해 보고 고생스러운 일을 억지로라도 감당하는 것, 그것이 곧 교회가 사는 길임을 나는 절실하게 깨닫는다. 죽어야 사는 이 논리는 교회 공동체에도 성립되는 공식이다.

누구에게 복음을 전해야 하는가

그렇다면 우리는 누구에게 복음을 전해야 하는가? 알다시피 우리는 모든 이들에게 복음을 전해야 한다. 그러나 성경은 특수하게도 복음을 받아들였던 이들 대부분이 '가난한 자'들이었다고 규명한다. 성경에 기록된 예수님의 치유 사역들을 살펴보면 대부분의 사건들이 세 가지 구도, 곧 '복음, 가난한 자들 그리고 무리'로 나뉜다는 것을 알 수 있다. 여기에서 성경이 조명하는 것은 복음을 받아들인 이들이 가난한 자들이었다는 것이다. 물론 이 '가난'이 물질적 빈곤만을 의미하지는 않는다. 신체적으로나 정서적으로 아픔을 가지고 있던 자들, 공동체 내에서 버림받은 자들, 혹은 사람의 힘으로는 도저히 해결하지 못할 어려움과 곤란에 처한 자들을 의미한다. 이들의 공통적인 특징이 있는데, 이들은 누구보다도 구원에 대한 갈망이 있었다는 것이다. 이는 우리가 복음을 전하는 일을 감당함에 있어서 첫 번째로 품어야 할 대상이 누구인지를 보여 주는 근거가 된다.

이 시대에도 가난한 자들은 우리의 이웃으로 함께 살아간다. 그리고 우리는 이제 가난한 자들에게 가야 한다. 물론 이 가난한 자들은 내 경험상 만나기 싫은 이들이 대부분일 것이다. 성경에 등장하는 이들도 한결같이 그러한 모습을 가지고 있었다. 귀신 들린 자, 나병 환자, 혈루증을 앓아 온 자, 세리, 어부 등 그 당시 이스라엘의 문화권에서도 도저히 만나기 버거운 이들이 대부분이었다. 그러나 성경이 원하는 그리스도인의 삶은 사회적으로나 영적으로도 약자인 '가난한 자'를 돕고 그들에게 복음을 전하는 것을 우선적으로 여기는 것이다.

이 '가난한 자'들은 도움에 대해서 다른 이들보다 절실하다. 그리고 그 절박함이 하나님에 대한 갈망으로 변하는 모습을 심심치 않게 본다. 나는 이 시대의 가난한 자들 중 한 부류에 속하는 가출 청소년들을 만날 때 이러한 마음을 많이 품게 된다. 가출 청소년들은 그들만의 커뮤니티가 제법 굳건하게 세워져 있다. 가출 청소년들이 유독 많이 밀집되는 장소들이 있으며, 서로의 정보를 공유하는 인터넷 사이트나 페이지도 있다. 그곳에서 흔히 '가출 팸'이라 불리는 함께 사는 공동체가 이루어지기도 하며, 일자리와 숙식에 대한 정보 등을 서로 교환하기도 한다.

최근에 안 사실은, 서울뿐 아니라 전국 어느 지역이든 일반적으로 가출 청소년들이 많이 모이는 장소들이 있다는 것이다. 그런 곳은 공통적으로 근처에 24시간 카페나 패스트푸드점, 공원 등이 위치해 있다. 밤 12시가 넘은 시간에 들어가 보면 옹기종기 모여 앉아 함께 담배를 피우며 놀거나 엎드려 자는 십 대 아이들의 모습을 볼 수 있다.

기성세대들이 가출 청소년에 대해 갖는 이미지는 보통 이렇다. '하라는 공부는 안 하고 철없이 놀기만 좋아해서 집을 나온 아이들', '반항기가 많아 부모 말 안 듣고 집을 뛰쳐나온 아이들.' 그런데 실상은 전혀 다르다. 이 시대의 가출 청소년들, 특별히 장기 가출을 하는 아이들은 놀기 좋은 습성과 질풍노도의 시기가 맞물려 집을 뛰쳐나온 것이 아니다. 녀석들은 집을 나온 것이 아니라 정확히는 집에서 쫓겨난 것이다. 기초 공동체라고 이야기하는 가정 공동체가 해체된 가운데 갈 곳 없는 아이들이 거리로 몰린 것이다. 실제로 우리 공동체 안의 어떤 아이는 집에 있었다는 이유로 아버지가 누나를 혼수상태가 되도록 때려 누나와 함께 집을 나왔다. 술 취한 친아버지의 성폭행이나 엄마의 새 남자 친구들에 의해 집을 나오는 경우들도 허다하다.

　눈이 내리던 어느 겨울의 추운 새벽, 가출 청소년들이 걱정돼 녀석들이 있는 곳으로 가서 햄버거를 사 주며 함께 대화를 나눈 적이 있다.

　"너는 왜 집을 나왔어? 추운데 이거 먹고 어서 집에 들어가. 집이 좀 힘들어도 버티고 있어야지."

　그때 녀석이 한 말이 아직까지 귀에 생생하다.

　"쌤, 집에서 맞아 죽는 것보다 밖에서 얼어 죽는 게 속 편해요."

　이런 녀석들이다. 어릴 적부터 저주 속에 태어나 가정의 해체를 겪으며 자라 온 아이들이 생각보다 많다. 욕이나 폭언도 그렇다. 녀석들이 욕을 많이 할 수밖에 없는 이유는 그들이 악해서가 아니라, 어릴 적부터 자라면서 들어 온 이야기가 욕밖에 없었기 때문이다.

기초 공동체인 가정에서 쫓겨난 아이들은 자연히 학교에서도 쫓겨나게 된다. 가정 공동체에서 공동체의 파괴성을 배운 아이들은 어느 공동체에 있든지 습관적으로 파괴적인 성향이 나온다. 그런 녀석들이 학교에 적응하지 못하는 것은 당연하다. 안타까운 것은, 학교에서 공부를 하든 하지 않든, 공교육에 문제가 많든 적든, 어쨌든 학교라는 현장에 있는 아이들은 본인이 학생이라는 인식이 생길 수밖에 없다. 학생의 상징인 교복도 입어야 하고, 일정 시간 동안 학교라는 공간에 있어야 하기에 알게 모르게 스스로를 학생 신분으로 인식한다. 하지만 학교에서 쫓겨난 아이들은 사회의 어두운 면으로 들어가기 시작한다. 가정과 학교에서 쫓겨난 녀석들을 사회에서 받아 줄 리 만무하다. 그러다 보면 여기저기 쫓겨 다니며 갈 곳 없어 헤매다가 먹고살기 위한 생계형 죄들을 짓는다. 남자아이들의 경우 그들을 반겨 주는 곳은 생활관이나 클럽, 불법 도박 사이트 총판장 같은 곳들이다. 그러니 그곳으로 갈 수밖에 없다. 여자아이들의 경우는 더 심하다. 눈치 받고 쫓겨 다니다가 어쩌다 만난 언니나 친구에 의해 성매매 업소나 술집 같은 윤락 업소 시설에 가 보면 격한 환영을 받는다. 그러니 잠시나마 따뜻함을 느낄 수 있는 그런 곳으로 갈 수밖에 없는 것이다.

나는 가출 청소년들에게 고기를 사 주고 그들의 이야기를 들어주었다. 그러면서 그들에게 복음을 전했다. 그러다 보니 녀석들이 내가 있는 교회로 오게 되었다. 교회에 와서 놀고만 있을 수는 없으니 예배에 초청했고, 녀석들은 좌충우돌했지만 예배에 참석했다. 그리고 녀석들은 이곳 예배당에서 설령 세상은 나를 전부 버린다 할지라도 '결코 버리지 않으시는 하나님의 사랑'을 조금씩 느끼게 되었다. 지금 청년이 된 녀석들은 본인의 후배 격인 또 다른 가출 청소년들을 새벽마다 만나러 다니고 있다. 그리고 만나게 되면 나에게 연락해 주는 양떼 커뮤니티의 제법 괜찮은 사역자로 성장하게 되었다.

교회는 먹고사는 삶에 지쳐 있을 때 심적인 위로와 안녕을 얻기 위한 장소가 아니라, 내가 죽더라도 너만은 살리겠다고 다짐하는 사명적 장소다. 이 세대는 지금 교회를 본받지 못하고 있다. 아니, 도리어 교회는 세상이 걱정하는 곳이 되어 버렸다. 본받는다는 것은 무엇인가? 무엇을 하면 세상이 그리스도인을, 혹은 교회를 본받을 수 있는가? 대개 본받는다는 말은 자신이 하지 못하는 어떠한 바른 일들을 타인이 하게 될 때 본받고 싶다고 이야기한다. 아주 기본적인 논리지만, 이러한 기본적인 논리를 오늘날 우리 교회들이, 그리고 그리스도인들이 기억해야 할 것이다. '세상이 하지 못하는 것을 교회는 하더라', '세상의 가치와 구도로는 도저히 할 수 없는 것들을 교회는 하고 있더라'가 성립될 때 세상의 교회를 향한 '본받을 만하구나'가 성립된다. 그리고 '본받을 만하구나'가 성립될 때 비로소 세상은 교회의 중심에서 머리가 되시는 예수 그리스도를 보게 될 것이다.

'약육강식, 적자생존'이라 이야기하는 세상의 가치와 마음으로는 도저히 품을 수 없는 '가난한 자들'에게 우리는 '그리스도의 사랑'으로 다가가야 한다.

복음과 책임은 함께한다

우리가 믿는 예수 그리스도, 우리에게 이루신 복음의 삶은 분명 책임과 함께한다. 그 책임은 다른 말로 사명이라고 이야기할 수 있다.

"신앙을 잃어버리면 배교를 하지만, 사명을 잃어버리면 타락을 한다."

_ 김용기 장로(가나안농군학교 설립자)

연일 청소년들의 문제가 사회에 이슈를 불러오고 있다. 인천 초등학생 살인 사건, 부산 여중생 사건, 강릉의 여고생 폭행 사건 등 청소년 사회의 어두운 이면이 곳곳에 드러나 많은 충격과 분노를 일으키고 있다. 더욱이 도저히 청소년이 했다고는 볼 수 없는 극악무도한 일들과 그 잘못에 대한 인지 없는 뻔뻔함이 지켜보는 국민들의 더 큰 분노를 야기한다. 이 사건들을 통해 청소년 보호법의 폐지와 가해자들에게는 엄격한 법의 심판을 요구하는 목소리들이 높아지기 시작했다.

하지만 이러한 충격적인 사건들이 최근에야 등장하기 시작했는가? 결코 아니다. 위기 청소년 사역을 감당하며 이보다 더한 사건들을 수없이 경험하고 보았다. 비단 나뿐만이 아닐 것이다. 위기 청소년들과 삶을 공유하는 사역 혹은 직업에 있는 사람이라면 누구나 알 것이다. 밝혀지지 않았을 뿐이지 사실은 허다하게 많이 발생했었다는 것을…. 이러한 사건은 SNS의 특성과 맞물려 이제야 우리에게 직접적으로 체감되기 시작한 것뿐이다. 이미 전국 소년원은 포화 상태이며, 해마다 늘어나는 학교 밖 청소년과 가정 밖 청소년들의 문제가 실제 존재한다. 비행 재범률은 40프로를 넘어가고 범죄의 연령대는 낮아지고 있는 시점에서, 더 이상 우리는 이러한 문제를 표면적인 현상으로만 판단해서는 안 될 것이다.

그렇다면 우리 그리스도인은 어떤 시선으로 사회적 문제, 특별히 위기 청소년들과 비행 청소년들의 문제를 바라보아야 할까? 물론 사회적 방안도 필요함을 고백한다. 소년범 처벌의 강화나 소년법의 개정은 분명 필요하다. 특별히 교정 교육에 따른 특수 소년원의 증가 및 소년원 교직원 증가의 필요성은 분명히 있다고 본다. 소년원 직원들을 만나 함께 이야기해 보면, 지금 소년법상의 보호처분 기관은 시설도 그렇고 교직원 인원 동원력 또한 상당히 부족하다는 것을 알 수 있다. 그래서 교정 교육보다는 보호 감호에 집중되어 있는 것이 현실이라는 것이다.

하지만 사회적 방안만으로는 결코 변화될 수 없다. 이 시대에 복음의 책임을 짊어지는 교회적인 움직임이 필요하다. 위기 청소년들과 함께하면서 느꼈던 것은, 소년범의 특성 중 하나가 주위에 신뢰하는 어른이 하나도 없다는 것이었다. 이들은 해체된 가정 공동체 대신 친구 공동체를 대안으로 삼아 그들만의 공동체를 이루어 살아간다. 그 안에서는 죄를 함께 짓는 것이 의리이며, 그것을 거부하면 공동체 안에서 매도된다. 친함의 기준으로 선악을 결정하는 위기 청소년들에게 우리는 비난으로 끝나는 것이 아니라 그 대안 공동체의 일원이 되어야 할 것이다.

지역 교회가 해외 선교의 열정만큼 소속되어 있는 지역의 위기 청소년들을 품을 수 있다면, 또 개인이 위기 청소년의 대안 공동체가 되어 준다면 이러한 사건은 대폭 감소될 것이라 확신한다. 실제 우리 공동체에서는 몇 달간 선배들로부터 감금 폭행과 성폭행 같은 성적인 억압을 당했던 피해 청소년들이 비슷한 사건의 가해자였던 아이들과 함께 예배를 드리고 있다. 이것이 가능한 이유는, 양측 모두 예수 그리스도의 사랑이라는 강권하심을 경험하고 있기 때문이다. 적어도 그리스도인은 어떠한 사건 앞에서도 죄를 죄라고 말할 수 있는 용기와, 나도 죄인이라고 말할 수 있는 성찰과, 그럼에도 하나님이 나를 사랑하신다는 고백을 동시에 해야 한다. 이 세 가지 고백이 동시에 될 때 변화가 일어난다.

세대가 타락하고 있다. 세상은 늘, 언제나 타락해 왔다. 타락을 논할 수 있는 것은 악하냐, 악하지 않냐가 아닌, 그리스도인이 얼마나 책임을 감당하느냐, 회피하느냐로 결정된다는 것을 알아야 한다. 교회, 그리고 당신의 책임이 심히 막중하다.

복음방 사역 일지

- 2015년 9월 15일 -

오늘 사랑하는 아들 녀석의 재판이 있었다. 그리고 나는 언제나 그랬듯이 그 자리에 대리 보호자 자격으로 참석했다. 이곳은 제법 자주 오고 서 본 곳이지만 언제나 익숙하지 않다.

판사님이 녀석이 지었던 죄목들을 줄줄이 이야기하신다. 나는 판사님 이 물어보시는 것에 대답하면서 녀석 대신 잘못했다고 빌고 선처를 구하 는 것밖에 할 수 있는 것이 없다. 더 마음이 아픈 것은, 녀석의 재판정에는 나와 녀석 단둘과 밖에서 기다리는 친구 한 명밖에 없다는 것이다. 녀석은 결국 그 자리에서 분류 심사원을 거쳐 소년보호처분 10호를 받고 소년원 으로 들어가 버렸다.

녀석은 수갑을 차고 포승줄에 포박당해 분류 심사원으로 갈 것이다. 아 이들 말로는 포승줄이 제법 아프다던데…. 그 녀석 특히나 아픈 것을 싫어 한다.

재판정 안에서 끌려가며 살짝 고개를 돌려 "갈게요" 하며 손을 살포시 들고 희미하게 웃던 녀석을 생각하니 마음이 참 착잡해진다. 할 수 있는 것 이 없어 고개를 숙이고 한숨만 쉬는 내가 그렇게도 무능해 보일 수 없다. 눈물을 흘리며 고통의 메마른 가슴을 부여잡고 나를 포함한 세상과 이 땅 에 정죄를 선포한다.

녀석이 아파하고 힘들어할 때, 꾸역꾸역 살아 보려고, 어떻게든 살기 위해서 죄의 영역에 발을 디딜 때까지 그저 욕하고 손가락질만 했던 어른들….

자녀가 재판을 받는데 술 마셔야 한다고, 버린 자식이라고 아무도 오지 않고 녀석을 방치해 버린 녀석의 부모와 내 자녀 아니라고 차가운 눈길을 보내던 타인의 부모들….

더럽고 문제가 많다고, 혹은 사고만 쳐서 분위기를 다 망가뜨린다고 문제아로 낙인을 찍었던 녀석의 학교들….

예수 그리스도의 사랑으로 모든 이들을 품어야 한다고 말은 하지만, 정작 교회 안으로 들어오는 위기 청소년들과 소외 계층 그리고 녀석을 쫓아냈던 교회들….

마음속으로 나에게, 그리고 그러한 어른들과 어른의 세상을 향해 나는 녀석과 동일한 죄목의 유죄를 선언한다.

7. 전도 그리고 공동체

하나님의 은혜를 충만히 경험한 사람은
시선의 변화가 일어날 수밖에 없다.
그리스도인이라고 이야기하면서도
복음 전할 대상을 제멋대로 구분하는 이유는,
어쩌면 믿는다고는 하지만 복음의 능력에 대해
의심하고 있기 때문은 아닌지 생각해 보아야 한다.
경험상 십자가는 술집 거리에 서 있는 것이 가장 잘 어울렸고,
교회는 세상의 한복판, 세상의 중심에 서 있을 때 가장 많은 일을 했다.

위기 청소년들을 길거리나 현장에서 만나다 보면 어느 순간 만나는 녀석들의 숫자가 급격하게 늘어나는 것을 볼 수 있다. 몇 가지 이유가 있는데, 그중 하나는 위기 청소년들이 기존의 청소년들보다 시간이 많다는 것이다. 학원이나 학교로부터 자유롭고, 심지어 가정 안에서도 녀석들을 기다리는 사람들이 없기 때문에 조금이라도 따뜻함이 느껴지면 금세 몰려든다. 또 하나의 결정적인 이유가 있는데, 대부분의 위기 청소년들은 친구 공동체가 굳건하기 때문이다. 위기 청소년들은 해체된 가정 공동체 대신 친구 공동체를 대안 공동체로 삼아 살아간다. 즉 한 아이 뒤에는 비슷한 환경을 가진 최소 열 명의 아이가 있다는 것이다.

가출 팸이든 생활관 출신이든, 또는 성매매 업소 출신이든, 비슷한 환경에서 자란 아이들은 보다 끈끈하게 공동체를 이룬다. 단지 친하고 의리 있다는 단순한 말로 녀석들의 공동체를 판단하기는 어렵다. 그도 그럴 것이, 녀석들을 가만히 지켜보면 흡사 우리가 아는 가정 공동체와 비슷한 모습을 보이기 때문이다. 대체로 위기 청소년 공동체는 의도하지 않아도 역할이 나누어져 있다. 친구들 술값, 밥값, 사고 친 것을 수습하기 위해 열심히 배달 일을 하는 아버지 역할을 감당하는 녀석이 있는가 하면, 알뜰살뜰하게 친구들을 챙기는 어머니 역할을 하는 녀석도 있다. 물론 늘 사고만 쳐서 아이들에게 지탄받는 말썽꾸러기 자녀의 역할을 감당하는 녀석도 있다. 그러니 처음에는 개인을 만나지만, 사역이 시작되면 개인이 아닌 공동체 사역으로 자연스럽게 전환된다. 사역에 대한 영향력 차원에서도 개인과의 만남보다는 도리어 녀석들의 공동체를 만나서 관계를 맺는 것이 더 효과적이다.

공동체 사역의 유익

위기 청소년 사역을 개인보다 공동체 사역으로 하면 좋은 몇 가지 이점들이 있다.

실제적인 삶의 변화를 줄 수 있다

개인을 만나서 이야기를 나누고 복음을 전하면 내 앞에서는 도전받고 결단한 것 같은 모습을 보인다. 그러나 다시 친구 공동체 속으로 돌아가게 되었을 때는 공동체의 구조에 휩쓸려 결단했던 것들이 대번에 무너져 실수를 반복하는 것을 보게 된다. 그럼 그때 했던 결단과 도전들은 내 앞에서만 보인 가식이었을까? 깊게 살펴보면 결코 아니다. 그 순간만큼은 진심이었을 것이다. 그리고 실제로 삶의 변화를 추구하려 노력도 했을 것이다. 하지만 본인 스스로 이 삶의 구조를 깨뜨린다는 것은 쉬운 일이 아니다. 이 친구 공동체는 녀석들의 삶에서 가장 큰 구조이기에 그들의 모습을 따를 수밖에 없다. 그런데 내가 녀석들의 공동체에 들어가 그곳의 보스(?)적인 입장이 되면 녀석들의 공동체 구조를 변화시킬 수 있다. 그리고 그렇게 될 때 그나마 작은 변화라도 한 가지씩은 보이게 된다. 실제로 이전 같았으면 분명히 범했을 사건 사고들도 친구들, 그리고 나 때문에 참는 놀라운 역사를 경험한 것이 한두 번이 아니었다.

개인의 관계가 틀어질 때 연결점이 되어 준다

위기 청소년들을 만나면 별의별 일로 오해가 생기거나 관계가 어려워질 때가 많다. 녀석들은 작은 서운함이라도 극대화시켜서 해석하기에 얼마든지 관계가 틀어질 상황들이 많은데, 이때 녀석들의 친구 공동체를 만나서 사역하는 이와 개인만 만나서 사역하는 이의 결과가 다르다. 개인만 만나 사역하는 이들은 대부분 관계가 어려워질 때 결국에는 이별하게 된다. 관계를 맺는 녀석 입장에서 일방적으로 연락을 무시하고 만남을 회피하기 때문이다. 하지만 녀석의 친구 공동체를 전부 알고 있다면 공동체의 또 다른 친구들을 만나 이야기하면 된다. 내 경우에는 이럴 때 친구들이 도리어 관계가 틀어진 녀석을 철이 없다고 비난하며 내 앞으로 데리고 왔다. 그리고 다시 바른 관계로 돌아가게 되었다. 확실한 것은, 녀석들이 함께 다니는 친구 공동체란 우리가 생각하는 친구 그 이상이다.

서로가 서로에 대해 보고한다

녀석들의 무리로 들어가 함께 삶을 나누면 재미있는 일들이 일어난다. 그중 하나가 서로가 서로에 대해 보고한다는 것이다. "○○이 이런 짓 한대요", "저 자식 또 가게 털려고 한대요", "목사님, 이 자식 아직 정신 못차렸어요, 또 장물하려고 해요" 등 녀석들은 나에게 서로에 대해 말하기 바쁘다. 재미있는 것은 정작 당사자도 기분 나빠하지 않는다는 것이다. 서로 깊이 신뢰하며 그만큼 친하기 때문인가 보다. 그러한 내용들을 부담 없이 이야기하다 보니 몇 번인가 녀석들이 사고 치기 전에 범죄를 방지할 수 있었다.

한 번은 이런 적이 있었다. 한 녀석이 나에게 전화를 했는데, 지금 공동체 무리 중 한 녀석이 집에서 짐을 싸며 가출할 준비를 하고 있는데 좀 혼내 달라는 것이었다. 본인들끼리는 뭐가 그리 재미있는지 서로 낄낄대며 놀리듯 이야기했다. 나는 곧장 녀석의 집이 어딘지를 묻고는 녀석이 속한 무리 공동체 친구들과 함께 집 앞에서 녀석을 기다렸다. 그러고는 녀석의 집 대문 앞에서 짐을 싸 들고 나오는 녀석을 향해 험상궂은 얼굴로 말했다. "다시 들어가라, 죽는다." 몇 년이 지나 성인이 된 지금도 녀석은 종종 그때 일을 이야기한다. "세상에 태어나서 그때만큼 놀라고 무서운 적이 없었어요."

무리 공동체 녀석들은 친구들이 어디 있는지, 무엇을 하는지 누구보다 잘 알고 있다. 그 자리에 같이 있기 때문이다. 그러니 이 녀석이 가출을 하면 저 녀석이 이야기하고, 저 녀석이 사고를 치면 그 녀석이 이야기를 한다. 그리고 그 녀석이 또 죄를 지으려고 하면 이 녀석이 이야기를 하는, 어쩌면 모두가 모두를 감시하는 체제로 사역이 돌아가고 있다. 범죄를 미리 알 수 있다는 것, 방지하는 과정들이 녀석들과의 추억이 될 수 있다는 것 그리고 무리를 만나서 함께 삶을 나눈다는 것은 위기 청소년 사역자로서 누릴 수 있는 큰 기쁨이다.

개인으로 시작했던 양떼 커뮤니티 사역이 점점 깊어지면서 무리 공동체의 사역으로 발전되었다. 그러다 보니 만나고 관계를 맺은 아이들이 많아지게 되었는데, 이것이 양떼 커뮤니티 각 지부의 시작이 되었다. 각 무리들이 거주하는 지역을 나누어 목요일, 금요일, 토요일 등 일정한 시간을 정해 함께 만나 교제하며 복음을 전하다 보니, 당시 한 주에 만나는 위기 청소년들이 대략 150여 명 정도가 되었다. 그중 두 곳은 예배까지 정착해서 함께 양떼 예배를 드렸고, 다른 한 곳도 마찬가지로 차후 예배를 만들기 위해 교제를 나누었다. 혼자서 그 많은 위기 청소년들을 만나 교제하는 것이 불가능할 것 같았지만, 실상은 그렇지 않았다. 그들과 친밀한 관계성을 형성하고 거기에서 그들의 인정을 받는 리더가 되고 나니 그 후는 자연스럽게 움직이는 공동체가 되었다. 예수를 전혀 모르는, 혹은 지독한 안티 그리스도인들까지도 함께 모여서 예배할 수 있었던 이유는 엄밀히 말해 친하다는 이유 하나 때문이었다.

전도의 중요성

전도에 대해 많은 고민을 했었다. 세상 속에 하나님의 사랑을 전하는 도구란 어떤 모습이어야 하는가? 변화와 회복의 핵심인 복음을 세상에 선포하려면 어떻게 해야 하는가? 고민과 더불어 나의 삶의 반경을 바라보았다. 사역자의 정체성으로 위기 청소년들을 만나고, 목사임에도 불구하고 만나는 사람들의 대부분이 불신자들이다. 아니, 불신자를 넘어 한국 교회와 적이 되어 버린 듯한 대상들이 대부분이다. 이들에게 있어 '전도'라는 것은 너무도 단순했다. 예수를 믿는 내가 그들과 함께한다는 것, 그뿐이었다.

나는 오늘을 살아가는 그리스도인들이 전도를 크게 두 가지 입장에서 바라보고 있다고 확신한다. 첫 번째는, 전도에 대한 좌절적인 관점이다. 많은 사람들이 전도에 대한 중요성을 알고 있고, 해야 함을 강조한다. 하지만 전도에 대해 깊이 이야기를 나누어 보면 실상 포기에 가까운 마음을 품고 있다. 전도가 되지 않는 시대를 살고 있다고 이야기한다. 특히 다음세대들을 전도하는 것이 그 어느 것보다 중요한 일임을 알지만, 그 자체가 매우 힘들고 어렵다는 것이다. 결론은, 필요하고 꼭 해야 하지만 나는 할 수 없는 일, 나는 감당하기 힘든 사역이라는 생각을 가지고 있는 것이다. 어디 그뿐이랴. 어떤 이들은 현시대의 한국 교회는 전도보다 타락한 교회상의 회복이 먼저라 이야기하며 전도에 대한 막중하고도 무거운 책임을 회피한다. 어느 차원에서는 물론 맞는 이야기일 수 있으나, 과연 회복과 복음 선포가 다르게 갈 수 있는지를 한번 생각해 보아야 한다. 어쨌든 우리는 여러 모로 전도에 대한 무기력

함과 삭막함이 가득한 시대를 살아가고 있다.

두 번째 입장은, 시스템적인 관점이다. 좌절적인 관점과는 반대로 전도에 대한 가능성을 열어 두며 열정적으로 동기부여를 하고 체계적인 프로그램과 여러 시스템을 만들어 전도를 효율적이고 실용적으로 할 수 있도록 그 방법론에 대해 제시한다. 전도에 대해 부정적으로 바라보는 것보다야 좋은 현상이지만, 나는 이러한 전도 법에 대해 몇 가지 의문을 제기하고 싶다. 과연 전도가 효율적이고 실용적이 될 수 있는가? 더불어 대형 교회와 교단의 전도 프로그램이 과연 어느 곳에서나 가능한 방법론인가? 내가 경험해 본 바, 전도는 결코 어느 상황에서도 합리적이거나 효율적이거나 실용적이 될 수 없다. 전도의 모든 행위에는 필시 희생과 헌신이 동반되는데, 그것은 합리적, 효율적, 실용적인 것과는 위배되는 행위다. 또한 전도는 물건이나 비생물체에게 하는 것이 아닌 영혼, 즉 생명을 대상으로 하는 것이다. 이는 전도를 하는 데 있어 예기치 못할 수없이 많은 상황들이 우리를 기다린다는 의미인데, 이것을 어찌 하나의 프로그램과 시스템으로 예측하고 따를 수 있겠는가. 실제 그렇다. 한국 교회가 사랑하는 전도 법들을 살펴보면 어느 정도 시스템을 운영할 여력이 있는 중대형 교회나 단체에서 만들어진 것이다. 객관적으로 살펴보면 그러한 교회들은 그러한 프로그램이 아니어도 얼마든지 잘 돌아갈 수 있는 곳들이다. 그러나 한국 교회의 대부분을 이루는 개척 교회, 소형 교회는 그럴 만한 여력과 인력이 없다. 전혀 상황화가 맞지 않는다는 의미다.

나는 새벽 술집 거리에서 무식하게, 날것으로 위기 청소년들을 만나 왔다. 어떠한 시스템이나 프로그램 없이 오로지 예배 한 번을 나오게 하기 위해 무차별적으로 아이들을 만나며 그들과 관계해 왔다. 그렇게 살아온 나의 삶을 돌아보며 확신하건대, 이 세대 가운데서도 전도는 절대적으로 필요하며, 또 하면 충분히 된다는 것이다. 재미있는 것은, 해 본 결과 어른들에 대한 전도보다 도리어 다음세대의 전도가 훨씬 쉬웠다. 어떤 모양, 어떤 이름이든 다음세대는 어른들보다 순박함이 있기 때문이다.

전도는 해야 한다

전도는 일단 해야 한다. 수없이 많은 전도 프로그램과 시스템을 배운다 할지라도 전도를 직접 하지 않으면 어떤 생명도 얻을 수 없다. 오히려 어떤 프로그램이나 시스템, 노하우가 없더라도 일단 전도를 시작하면 하나님이 각자의 상황에 따라 인도하시는 이끄심을 느낄 수 있을 것이다. 위기 청소년 사역을 하며 지금까지도 이 질문을 많이 받아 왔다. "위기 청소년 사역에 비전을 품고 있는데 어떻게 해야 하나요?" 거기에 대한 내 대답은 한결같다. "뭘 어떻게 합니까? 그냥 하면 되지요." 실제 위기 청소년 사역에 동역하고 싶다며 접근한 많은 사람들은 정작 술집 거리나 새벽 밤거리에 가서 위기 청소년들 만날 생각을 하지 않는다. 그냥 나와 관계 맺고 있는 아이들을 만나 무언가를 하고 싶어 할 뿐이다. 나는 이러한 모습들이 어쩌면 지금의 한국 교회가 가지고 있는 전도에 대한 하나의 대중적인 모습이라 생각한다. 교회의 부흥을 이야기하면서도 정작 비신자들에 대한 전도는 많지 않고 교회 사이의 수평 이동을 통해 큰 교회와 작은 교회로 나뉘는 모습, 특정 교회들의 확장은 일어나지만 하나님 나라의 확장에 있어서는 미비한 영향을 보이는 모습들 말이다.

왜 이런 현상이 일어날까? 엄밀하게 말하면, 우리는 전도에 대한 중요성과 해야 하는 당위성은 알고 있다. 신학적, 성경적으로도 충분히 정립되어 있으며, 이미 깨닫고 있다. 그렇지만 전도를 왜 하지 않는가? 아픈 이야기지만 거기에 따른 희생과 헌신을 동반하기는 싫은 것이다. 누군가 희생과 헌신을 감당하며 전도했을 때는 귀하고 소중하다 이야기하지만, 정작 자신의 삶을 던져 그 자리에 가기는 싫은 것이다. 내 손해가 일어나는 것, 내가 타인 때문에 아프고 어려운 그것이 무서운 것이다. 전도는 해야 한다. 예수를 믿지 않는 이들에게 예수를 보여 주고, 들려주고, 소개하는 것은 힘들지만, 하는 사람들만이 알 수 있는 날것의 영성이 분명 존재한다. 하는 척하는 이와 직접 현장에서 살아가는 이는 신앙적 강도와 처절함의 경도가 다르다.

예수를 전혀 모르는, 혹은 기성 교회에 악감정이 가득한 우리 공동체와 함께 삶을 나누면서 이 시대의 전도에는 '의도'와 '태도' 두 가지가 굉장히 중요하다는 것을 깨달았다. 특정 프로그램이나 시스템이 없어도 전도하는 의도와 태도에 대해 고민하다 보면 각기 다른 상황에서 충분한 도움이 될 것이다.

그렇다면 전도하는 의도는 무엇인가? 그리고 전도하는 이의 삶의 태도는 어떠해야 하는가?

전도의 의도

우선 전도라는 단어의 사전적 의미를 살펴보자. 전도(傳道)란 "교리나 신앙을 믿지 않는 사람에게 신앙을 가지도록 인도하는 일"이라는 의미를 가지고 있다. 이를 단순하게 우리 식으로 해석하면, 예수 믿지 않는 이들이 예수를 믿도록 인도하는 일일 것이다. 그러나 또 다른 중의적 의미가 몇 가지 있는데, 그중 하나는 전도(傳導)다. 이는 "전류가 물체의 한 부분에서 다른 부분을 통해 옮아가는 현상"을 말한다. 나는 전도라는 이 중의적인 단어 속에서 우리가 하는 전도의 시작점을 본다. 복음을 전하는 전도의 시작은 교회의 억압이나 해야 하는 의무감이 아니다. 복음을 전하는 내가 먼저 복음으로 말미암아 하나님의 은혜 가운데 충만해지면 도저히 할 수밖에 없도록 되는 것이다.

"여호와여 주께서 나를 권유하시므로 내가 그 권유를 받았사오며 주께서 나보다 강하사 이기셨으므로 내가 조롱거리가 되니 사람마다 종일토록 나를 조롱하나이다 내가 말할 때마다 외치며 파멸과 멸망을 선포하므로 여호와의 말씀으로 말미암아 내가 종일토록 치욕과 모욕 거리가 됨이니이다 내가 다시는 여호와를 선포하지 아니하며 그의 이름으로 말하지 아니하리라 하면 나의 마음이 불붙는 것 같아서 골수에 사무치니 답답하여 견딜 수 없나이다"(렘 20:7-9).

그리스도의 구속하심으로 변화를 받은 이가 각자의 삶에서 어떤 조롱도, 유혹도, 아픔도 이기며 본인의 사명의 자리를 포기하지 않고 감당하는 모습, 예수 그리스도의 구속하심으로 살아났다면 거기에서 끝나는 것이 아니라 다시 살리는 곳으로 보냄을 받는 것, 그것이 전도의 시작인 것이다. 전도에 있어서 복음의 충만한 은혜를 입은 자들은 대개 시선의 변화가 먼저 일어나는데, 이전에는 어두운 세상의 영역에 대해서 정죄하며 비난하는 시선이었다면, 이제는 긍휼과 아픔으로 울고 계시는 그리스도의 시선으로 바뀐다는 것이다.

나는 성소수자라고 이야기하는 동성애를 하는 아이들에게 복음을 전할 때 이러함을 많이 느꼈다. 양떼 커뮤니티에는 특수 부서로서 동성애 부서가 따로 있다. 동성애 부서를 특수 부서로 나눈 이유는 그들을 차별하기 위함이 아니라, 기존 아이들의 정죄로부터 보호하기 위해서였다. 같은 위기 청소년들이지만 동성애에 대한 깊은 혐오가 있었기에, 서로를 보호하며 복음을 전하기 위한 방법 중 하나였다.

동성애 부서의 아이들은 열댓 명 정도다. 함께 모여 교제하고, 매주 고기를 먹으며 복음을 전했다. 때로는 계곡이나 워터파크로 놀러 다니기도 했다. 그러다 보면 녀석들이 그렇게 예쁠 수가 없다. 동성애 부서의 녀석들은 모두 예의가 바르고 감사함을 안다. 밥을 사 주거나 조그마한 선물이라도 줄 때면 그렇게 고마움을 표한다. 다 같이 놀러 가면 대부분의 아이들은 놀기 바쁘고 사고 치기 바쁜데, 녀석들은 마치 스태프처럼 시키지 않아도 모든 궂은 일들을 말없이 감당한다. 그러면서 "목사님, 좀 쉬세요. 힘드시겠어요" 하며 나를 위로하니 예뻐하지 않을 수가 없다.

지금이야 녀석들이 너무 예쁘고 사랑스럽지만, 사실 나 역시 처음 녀석들을 만날 때는 자연스럽게 위축되는 마음이 들었다.

뼛속부터 그리스도인, 사역자, 전도사, 목사라는 이름은 동성애를 하는 아이들과 많이 다르다고 생각했기 때문이다. 처음 녀석들을 만났을 때가 떠오른다. 어김없이 가출 청소년들을 만나 고기를 사 먹이고 있을 때였다. 녀석들은 쉼터에서도 사고를 치고 쫓겨나 여기저기 다른 쉼터들로 옮겨 다니던 아이들이었다. 고기를 구우려는데 딸 녀석 하나가 말했다.

"전도사님, 제 친구도 데리고 오면 안 돼요? 배고프다고 난리예요. 지금이 원래 저 만나기로 한 시간이었거든요."

나는 흔쾌히 허락했다.

"그럼, 되고말고. 불러서 같이 먹자."

그렇게 처음 동성애를 하는 녀석과 만나게 되었다. 짧은 투블럭 머리에 통통한 체격, 누가 봐도 남자 같은 스타일인데 얼굴이나 목소리는 천생 여자다. 녀석은 나를 보더니 꾸벅 인사를 했다. 나는 멋쩍게 앉으라고 하고는 고기를 구워 주며 함께 이런저런 이야기를 했다. 분위기가 제법 좋았다. 녀석도 밝고, 이런저런 농담 따먹기에 마음이 조금 열리는 것도 같았다. 그런데 이야기를 하는 도중 갑자기 녀석이 당황해하는 모습이 보였다. 눈치를 보니 나를 전도사님이라 부르는 친구의 호칭에 당황하기 시작한 것 같았다. 내가 전도사인 것을 알고 난 후부터 녀석은 한마디도 하지 않았다. 화기애애했던 분위기는 갑작스레 어색한 교제의 자리로 바뀌어 버렸다. 나는 일방적으로 묻고 녀석은 "예", "아니오"로 대답을 끝냈다. 나는 계속해서 물으며 녀석을 알아 가려 했지만 녀석은 자신을 철저하게 방어했다. 그나마 감사한 것은, 다른 녀석들이 함께 있었기에 친구끼리 이야기를 하다 보면 어쩔 수 없이 나와도 대화를 해야 하는 상황들이 생기게 된다는 것이었다. 녀석은 거리를 두려 했지만 어쩔 수 없는 대화의 시간들을 통해 거리는 자연스럽게 좁혀지기 시작했다.

한참을 이야기하던 중 예배와 신앙에 대한 이야기가 나왔다. 나는 왜 요즘 예배에 안 오냐는 질문으로 운을 띄우며 그들의 상황에서는 무엇보다 예배가 필요하다는 것을 강조하기 시작했다. 녀석들은 여러 가지 이유와 처해진 상황들을 말하며 자신들이 왜 예배에 올 수 없었는지를 이야기했다. 나는 예배만큼은 절대 타협하지 않기에 녀석들에게 더욱 강조해서 말했다.

"원래 예배에 올 이유는 한 가지밖에 안 되지만, 못 올 이유는 백만 가지야. 한 가지 이유는 예수! 예수가 되면 다 오게 돼. 그러니까 그렇게 되도록 무조건 와야지, 이 녀석들아."

나는 녀석들에게 잔소리를 멈추지 않았다. 모두가 "알겠어요, 쌤. 교회 갈게요"라고 수긍하는 분위기로 가고 있었다. 그때 나의 모든 질문에 단답형으로만 대답하던 녀석이 대뜸 따지듯이 물었다.

"쌤, 교회 전도사님이시죠? 근데 동성애가 죄예요? 동성애하면 지옥 가요? 그럼 뭐 하러 교회 가요?"

녀석의 급작스러운 질문에 분위기가 순간 차갑게 얼어붙었다. 녀석의 친구들은 어색하게 웃으며 이야기했다.

"쌤, 얘가 예전에 교회 쌤이랑 치고받고 싸워서 쫓겨났었어요. 그래서 그래요. 이해해 주세요."

그때 확실히 알게 되었다. 녀석이 동성애를 한다는 것을⋯. 순간이지만 심각하게 고민되기 시작했다. '만나서 복음을 전해도 될까? 아니면 피해야 할까?' 어쩔 수 없었다. 그때의 나는 모태신앙에 목회자 자녀로 태어나 동성애하는 사람을 만나 본 적이 한 번도 없었기 때문이다. 아니, 있다는 것조차도 소설처럼 막연히 듣기만 했기에 당황스러웠다. 내적 갈등이 시작됐다. 내가 여기에서 어떻게 처신하느냐에 따라 녀석의 앞날이 달라질 것이기 때문이다. 짧은 시간 고민하던 중 문득 이런 생각이 들었다.

'요셉아, 너는 지금 성매매 업소에 다니는 딸들에게도 복음을 전하고 있고, 생활관이나 소년원 출신 아이들에게도 복음을 전하고 있잖아. 온갖 죄를 지은 녀석들, 심지어 죗값을 감당하기 싫어 도망 다니는 녀석들을 만나면서 입이 닳도록 이야기했던 것이 뭐였니? 너희들이 지었던 모든 죄보다, 너희가 앞으로 지어야 할 모든 죄보다 예수님의 너희를 사랑하심이 더욱 크다, 그 십자가 사랑이 더 위대하다는 거 아니었니? 그렇다면 이 이야기가 동성애

를 하는 이 녀석에게도 해당되지 않을까?'

이와 동시에 '내가 전하는 예수 그리스도의 십자가 복음이 과연 동성애라는 현상적 상황과의 싸움에서 질 것인가? 그만큼 동성애의 권위가 십자가 복음의 권위보다 위대한가?'라는 생각이 들었다. 전혀 아니다. 십자가의 구속하심은 그 어느 것보다 강력하고 위대하다.

답이 나왔다. 나는 그때부터 확신을 가지고 녀석에게 물어보기 시작했다.

"왜? 누가 너더러 지옥 간다고 하던?"

내 물음에 녀석의 눈에 촉촉한 물기가 어렸다. 그러고는 한탄하듯 자기의 이야기를 쏟아 냈다. 알고 봤더니 녀석은 보육원 출신이었다. 태어나자마자 버려져서 부모의 얼굴도 모른 채 보육원에서 자라다가 나이가 차 쉼터를 옮겨 다니며 생활하는 녀석이었다. 쉼터에서도 기간이 차면 다른 쉼터로 옮겨야 했기 때문이다. 열여섯 살 무렵, 쉼터를 옮겨 다니던 중 녀석은 한 성인 남자로부터 감금 성폭행을 당했고, 그 후 그 남자의 주선으로 성매매를 하게 되었다고 한다. 그러한 억압과 고통 속에서 본인을 살뜰히 챙기고 위로가 되어 주었던 유일한 언니에게 동경을 품게 되었고, 결국엔 그 언니를 좋아하게 되었다고 한다.

다행히 얼마 안 되어 그 남자가 경찰들에게 잡히는 바람에 녀석은 자유로울 수 있었고, 그때부터 아픈 마음에 동네에 있는 교회를 다니면서 그곳에 제법 정착하게 되었던 것 같다. 그러던 어느 날, 구원받은 사람은 구원받지 못한 사람들을 전도해야 한다는 설교를 들었다고 한다. 특별히 사랑하는 사람이 하나님 나라에 가지 못하고 지옥에 갔을 때 그것을 하나님 나라에서 지켜보면 얼마나 슬프겠냐며, 가족은 꼭 전도해야 한다는 메시지에 용기를 내어 본인이 가장 좋아하는 언니를 전도해 갔다고 한다. 그런데 교회의 담당 전도사가 녀석이 동성애하는 것을 알게 되었고, 그 후 동성애를 한다는 이유로 녀석을 혼내다가 결국에는 감정싸움으로 번져 몸으로 치고받고 싸우게 되었다고 한다. 담당 전도사는 녀석을 쫓아내면서, 동성애하는 것들이 무슨 예수를 믿느냐며, 너희는 지옥에나 가야 한다고 비난과 폭언을 퍼부었다고 한다.

이 이야기를 들으니 내가 전도사라는 것을 알고 난 후의 녀석의 반응이 이해되기 시작했다. 나는 곧바로 말했다.

"야, 동성애한다고 지옥 가는 거 아냐. 지옥은 예수 안 믿어서 가는 거야. 성경은 분명히 네가 죄인이라고 이야기해. 그런데 나도 죄인이라고 이야기해. 결국엔 전부 죄인이야. 그러니까 너나 나나 예수님이 필요한 거고, 너나 나나 예수님을 믿어야 해. 이번 주부터 예배에 와. 쓸데없는 소리 말고."

그렇게 녀석은 예배에 오기 시작했고, 지금은 어엿한 남자 친구를 둔(남자 친구가 자주 바뀌어서 문제지만) 동성애 사역의 리더 중 한 명이 되었다.

교회인 우리의 시선이 변해야 한다. 아니, 하나님의 은혜를 충만히 경험한 사람은 시선의 변화가 일어날 수밖에 없다. 그리스도인이라고 이야기하면서도 복음을 전할 대상을 제멋대로 구분하는 이유는, 어쩌면 믿는다고는 하지만 복음의 능력에 대해 의심하고 있기 때문은 아닌지 생각해 보아야 한다. 경험상 십자가는 술집 거리에 서 있는 것이 가장 잘 어울렸고, 교회는 세상의 한복판, 세상의 중심에 서 있을 때 가장 많은 일을 했다.

전도하는 이의 태도

앞서 살펴본 것처럼, 전도에는 두 가지 중의적인 의미가 있다. "교리나 신앙을 믿지 않는 사람에게 신앙을 가지도록 인도하는 일", 그리고 "전류가 물체의 한 부분에서 다른 부분을 통해 옮아가는 현상"이 그것이다. 또 하나의 중의적 의미가 있다. 그것은 전도(前導)로서, "바로 앞서서 이끌거나 인도한다는 의미"를 가진다. 즉, 진정한 전도(傳道)란 전도(傳導) 되어서 전도(前導)하는 것이다.

복음을 전하는 데 있어 가장 중요한 것을 꼽으라면 나는 주저 없이 전도하는 이의 태도를 이야기한다. 태도가 바르면 복음을 이야기하지 않아도 세상은 우리를 보며 예수 그리스도를 꿈꿀 것이기 때문이다. 세상이 우리가 사는 모습을 보며 도대체 왜 이런 소망을 가지고 살아가는지를 묻게 하는 것이 가장 훌륭한 전도의 방법일 것이다. 그래서 나는 '복음을 보여 주는 삶'이 '복음을 전하는 말'보다 중요하다는 것을 강조한다.

그런데 '복음을 보여 주는 것'과 함께 가야 하는 것이 있다. 하나는 '사랑의 빚을 지우는 것'이고, 다른 하나는 '반대의 태도를 보이는 것'이다.

사랑의 빚을 지우라

위기 청소년, 청년들과 함께해 온 지난날들을 돌아보면 녀석들에게 특별하게 해 준 것이 별로 없다. 내 성격이 섬세해서 하나부터 열까지 따뜻하게 챙긴 것도 아니고, 남들이 생각하는 뛰어난 전략이나 시스템이 있었던 것도 아니다. 연락도 대부분 녀석들이 먼저 했지, 나는 연락을 받아 챙기는 형식이었다. 그러다 보니 녀석들은 오히려 '엄한 아버지' 같다고들 많이 이야기한다. 그러나 누군가 "어떻게 그런 아이들이 교회에 와서 예배할 수 있나요?"라고 묻는다면 나는 이렇게 이야기하고 싶다. "애들이 받아먹은 것 때문에 미안해서라도 교회에 오게 해야 돼요." 이러한 삶의 태도가 지금까지 양떼 커뮤니티를 지탱해 왔고, 이러한 태도로 지금의 복음 전하는 교회를 세웠다 해도 과언이 아닐 것이다. 이것이 예수를 믿든 믿지 않든, 심지어 교회를 극도로 혐오하는 녀석들까지도 예배 시간에 앉아 예배할 수 있게 한 이유이며, 단 한 번도 실패해 본 적이 없는 전도 방법이다.

모든 청소년 사역이 그렇겠지만, 특별히 위기 청소년 사역은 '먹음'으로부터 시작된다고 해도 과언이 아니다. 양떼 사역은 지난날 먹이는 사역이었고, 그 시간들을 통해 목자가 양들을 푸른 초장으로 이끌고 다니며 먹이는 기분을 조금이나마 이해하게 되었다. 나 역시 새벽마다 예수를 목자 삼아 그분이 맡기신 양들을 조금이라도 맛있는 고깃집으로 인도해 가며 먹이기 때문이다.

먹인다는 것은 굉장히 중요하다. 한 예로, 예수님의 공생애 사역 기간에 중요한 말씀은 대부분 식탁의 교제에서 이루어졌다. 또한 사역 중 오병이어 사건을 통해서는 군중들을 먹이시고, 심지어 부활하신 후 베드로에게 사명을 맡기실 때는 함께 먹는 장소에서 '내 양을 먹이라'고 하셨다. 물론 이때 등장한 '먹이다'라는 것에는 많은 견해들이 있지만, 중요한 것은 예수님이 공생애 기간 중 제자들과 군중들을 먹이셨다는 것이다. 또 다른 예는 초대교회 공동체를 통해 확인할 수 있다. 성경은 초대교회를 설명하면서 '교제하며 떡을 떼었다'고 기록한다. 떡을 떼었다는 것은 성찬을 의미하기도 하지만, 그 안에는 분명 함께 먹는다는 의미도 포함되어 있다. 이처럼 먹는 것은 즐겁고 중요한 일이었다. 성도의 교제 가운데서 얻는 기쁨은 세상의 모임에서 얻을 수 있는 기쁨과는 근본적으로 다르기 때문이다.

예수님의 '먹임' 사역은 하나의 선포에 가깝다고 생각한다. 메시아가 이 땅에 오신 것 자체가 이미 '축제'이며, 축제에는 먹고 마심이 필요하기 때문이다. 예수님은 영원한 생명의 말씀으로 양들을 먹이실 것을 자신의 공생애 기간에 제자들과 무리들을 먹이심으로 예표하셨다. 이와 동일하게 나는 그 먹임을 녀석들의 삶에도 연결한다. 녀석들은 일상의 삶에서 나름 치열하게 싸운다. 녀석들 하나하나가 사건의 덩어리다. 그들은 자기 자신을 지켜야 하기에, 살아남아야 하는 세상에서 스트레스 받으며 거짓과 악함을 친구 삼아 지낸다. 그러다 삶의 지침과 아픔 속에서 상처로 인해 너덜너덜해진 상태 그대로 예배에 참석하고, 그 상태 그대로 한국 교회의 '사역자'를 만난다.

나는 녀석들의 일주일의 삶 중 이때가 '축제'의 시간이라 생각한다. 예수 그리스도를 만날 기회는 이때뿐이기 때문이다. 그렇다면 영적인 '쉼'과 마음의 '평화'와 더불어 육신의 '충족' 또한 일어나야 한다. 그 충족 중 아이들이 가장 좋아하는 것은 단연 고기다. 고기는 매우 효율적이기도 한데, 생각보다 저렴한 비용으로 감사하는 마음의 빚을 그 어느 음식보다도 충분히 지울 수 있기 때문이다. 그렇기에 '고기'는 양떼 사역 중 결코 포기할 수 없는 무기다.

기쁜 소식을 이야기하는 '복음'과 양식인 '밥'은 위기의 다음세대에게 함께 가야 한다. 그래서 우리는 새벽 술집 거리에서 삶에 힘겨워하는 아이들을 만나 고기를 먹이며 밥을 사 주는 '복음밥 사역'을 계속해서 감당하고 있다. 재정적으로 힘들어도 녀석들을 보면 마음이 급해진다. 다음에 먹자고 할 수 있는 여유가 없기 때문이다. 지금 당장 마음을 고쳐먹지 않으면 바로 수렁에 빠지거나 죄를 지을 녀석들이다. 이 기회를 놓치면 예수 그리스도를 만날 '인연의 끈'이 언제 또다시 닿게 될지 모른다. 그렇기에 빚을 져서라도 함께 만나 밥을 먹어야만 한다. 간혹 꼭 그렇게까지 할 필요가 있느냐며 아이들에게 밥 먹이는 나를 미련하게 보는 사람들이 있다. 물론 나 역시 이 '먹임' 사역이 감당하기 벅찰 때가 많다. 더욱이 재정적 어려움과 몸과 마음의 지침이 겹치면 정말이지 포기하고 싶어진다. 그러나 먹여야 하는 이유는 분명하다. 먹인 만큼 반응하기 때문이다.

2013년 겨울쯤에 있었던 일이다. 소년원에서 나온 지 하루밖에 안 된 녀석과 그 녀석의 오랜 친구 녀석에게서 전화가 왔다. 이 녀석들은 양떼 사역을 시작하면서부터 알고 지냈는데, 이전 교회에서 사역할 때 교회 근처에서 담배를 피우다가 나에게 걸려 온갖 핍박을 당했던 녀석들이다. 그중에 한 녀석이 서너 달에 한 번 꼴로 양떼 예배에 참석했었는데, 그 녀석에게 전화가 온 것이었다.

"헤이, 전도사님, 보고 싶어요. 잘 지내세요? 우리 한번 봐야죠? ○○도 소년원에서 나왔어요."

녀석들의 '보고 싶다'는 '배고파요'와 동의어라는 것을 알고 있기에 만날 날을 잡았다.

"그럼 모레 저녁에 보자. 내가 고기 사 줄게."

이틀의 여유를 둔 것은 수중에 돈이 없었기 때문이다. 하지만 이틀의 시간은 순식간에 지나갔고, 매정하게도 역시 재정은 채워지지 않았다. 혹시나 하는 마음에 잔고를 확인했지만 통장은 역시나 텅텅 비어 있었다. 이제는 신용카드를 사용하는 수밖에 없었다. 하지만 그동안의 실적(?)으로 카드빚 또한 상당했다. 사용할 수 있는 한도는 그 주 양떼 예배의 간식비 정도밖에 되지 않았다. 나는 한참을 고민했다. 그러고는 전화를 걸어 녀석들에게 말했다.

"전도사님이 오늘 교회 사역이 있어서 못 볼 것 같아. 대신 이번 주 토요일에 와. 토요일에는 진짜 맛있는 고기 사 줄게."

나는 아쉬워하는 녀석들의 목소리를 뒤로한 채 전화를 끊었다. 속으로는 잘했다며, 괜찮다며 스스로를 토닥였다. 녀석들이 예배에 올지 안 올지는 모르지만 일단 시간을 벌었고, 토요일까지는 며칠이 남았으니 그 시간 안에 간식비가 생길 것이라는 생각이 들어서였다. 한데 나를 만나서 고기를 먹기로 한 그날에, 내가 돈이 없다는 이유로 약속을 미룬 바로 그날 그 시간에 녀석들은 모여서 술을 마셨고, 돌아오는 길에 눈에 보이는 한 가게를 털다가 누군가의 신고로 현장에서 경찰에 붙잡히게 되었다. 한 녀석은 소년원에서 나온 지 3일밖에 되지 않아 현장에서 연행되어 갔고, 한 녀석은 청소년 보호 관찰 대상으로 묶인 상태에서 범죄를 저질러 재판을 받고는 결국 '소년보호처분 6호'로 보호시설에 들어가게 되었다. 이 소식을 듣고는 고시원 방에 들어앉아 얼마나 자책하며 기도했는지 모른다. 내가 녀석들을 소년원으로 보낸 것만 같았다. 그때 녀석들을 봤더라면, 그때 녀석들에게 고기를 먹였더라면…. 더 마음이 아팠던 것은, 양떼 예배 간식비라는 명목으로 쓰지 않았던 카드가 무색하게 그 주의 간식비를 한 권사님께서 내 주셨다.

한 주, 아니 하루가 급한 아이들이다. '보고 싶다'는 것은 '나 좀 말려 주세요'와 더불어 '배고파요'라는 뜻이기에, 그렇게 함께 먹으며 친해질 때 녀석들은 본인들의 삶에서는 있을 수 없는 충격적인 사건을 간접적으로 경험하게 된다. 늘 눈치를 받거나 욕먹고 쫓겨남만을 경험했던 상황 속에서 생판 남인 사람이 자신을 위해 물질을 사용하고, 아무 조건 없이, 어찌 보면 좀 멍청해 보일 정도로 먹고 싶은 것 먹게 하고, 하고 싶은 것 다 하게 해 주고, 심지어 교통비까지 쥐어 주며 보내는 이 일이 녀석들이 느끼기에는 분명 사랑일 것이다. 그렇기에 한 번 이상 만난 녀석들은 자신이 겪은 힘든 일과 모진 삶을 나에게 다 말해 준다. 누구에게도 말하기 싫어하는 가정의 깊은 문제들을 이야기하며 눈물을 적신다. 그럴 때마다 나는 이렇게 고백한다. "먹인 만큼 마음의 문도 연다."

한 번 먹이고 끝나는 것으로는 큰 효과를 기대할 수 없다. 이것은 아이들의 속된 말로 '호구 짓'으로 끝날 수 있다. 그러나 그 호구 짓도 지속되면 녀석들은 '왜 이렇게 사 주지?' 하는 의아함을 느끼게 되고, 그 의아함은 금세 고마움과 미안함이라는 감정으로 바뀌게 된다. 이때에야 비로소 녀석들을 그들이 거주하는 현장에서 내가 있는 현장으로 초청할 수 있게 된다. 그리고 그렇게 교회로 오면서 예수 그리스도와의 인연의 끈이 생기게 된다. 예수 그리스도와의 인연의 끈, 이것이 바로 녀석들에게 퍼 주는 이유다.

성경은 그리스도인을 종종 '빚진 자'라고 이야기한다. 이를 좀 더 정확하게 표현하면, 빚진 사람이라는 의미보다는 빚진 죄인이라는 의미가 더 강하다. 여기서 '빚진 죄인'이라는 단어는 죄지은 사람처럼 기를 펴지 못하고 빚쟁이에게 굽실거릴 때 사용한다. 그리스도의 복음 안에서 빚진 죄인인 우리는 받은 그 사랑의 빚을 갚아야만 한다. 한데 주신 이에게는 갚을 길이 없다. 우리의 어떠함도 그분이 주신 그 십자가의 구속의 값을 치를 수 없기 때문이다. 하지만 우리가 할 수 있는 것이 있다. 사랑의 빚을 전가시키는 것이다. 그리고 그것이 사랑의 빚을 내어 주신 주님의 뜻임을 알아야 한다. 이제 우리도 나의 삶 속 누군가에게 받은 그 사랑의 빚을 나누어야 한다.

> "헬라인이나 야만인이나 지혜 있는 자나 어리석은 자에게 다 내가 빚진 자라 그러므로 나는 할 수 있는 대로 로마에 있는 너희에게도 복음 전하기를 원하노라"(롬 1:14-15).

반대의 태도를 보이라

처음에는 밤낮 구분하지 않고 위기 청소년들과 함께 사는 나를 보며 주위 분들이 많은 걱정을 하셨다. 당시 그 걱정의 내용들을 묵상하며 내린 결론은, 위험하고 거친 환경에서 나오는 '사고'보다는 혹여 내가 그들에게 물들지 않을까 하는 '타락'을 더 많이 걱정하셨다는 것이다. 그도 그럴 것이, 사역자라고 하기에는 너무도 젊은 내가 새벽에 유흥가에서 성매매 업소에 다니는 아이들이나 생활관, 소년원 출원생들과 함께하며 삶을 나누었으니, 혹여나 유혹에 휩쓸리지 않을까 하는 걱정이 어쩌면 당연한 것처럼 보인다. 하지만 나를 유심히 지켜보시는 분들은 1년이 채 지나지 않아 '타락'보다는 '사고'를 더 걱정하신다. 녀석들 앞에서는 피곤하리만치 더 깨끗해지고 성결해지기 위해 발버둥치는 나를 보기 때문이다. 어쩔 수 없다. 녀석들이 바라보는 한국 교회는 나라는 사람이고, 녀석들 주위의 사역자는 내가 유일하기 때문이다. 녀석들은 나를 보며 '아, 한국 교회는 이렇구나', '전도사는, 혹은 목사는 이런 사람이구나' 생각할 것이기에, 사실 녀석들을 만나면 이에 대한 부담이 크게 작용한다.

나는 녀석들에게 단 한 번도 술을 사 준 적이 없을 뿐더러 나 역시 술이나 담배를 한 번도 입에 대지 않았다. 뒤에서는 온갖 죄를 다 지으면서 앞에서는 술과 흡연하지 않는 것을 마치 그리스도인의 전부인 양 생각하는 한국 교회의 문화는 심각한 문제지만, 복음을 전하려면 세상과 친해져야 하기에 술과 흡연 정도는 가능하다고 이야기하는 문화 또한 분명 심각한 문제다. 어울림과 휩쓸림은 전혀 다른 이야기니까.

내가 술과 흡연에 대한 문제를 언급한 이유가 있다. 위기 청소년들의 삶에서 빼놓을 수 없는 것이 술과 흡연이기 때문이다. 녀석들은 대부분 초등학교 저학년 무렵 술과 담배를 시작한다. 녀석들은 갓난아이일 때부터 흡연하는 부모 아래서 간접흡연을 하며 자랐고, 늘 부모가 술에 취해 벌이는 사건 사고들을 목격해 왔기 때문이다. 그렇기에 녀석들에게 바른 삶을 이야기하기 위해서는 그들 눈에 보이는 나의 삶이 달라야 했다. 그들 나이에 술과 흡연을 하는 것은 비정상이라는 것을 이야기해야 하는데, 그것은 이야기로 전해지는 것보다 바른 삶으로 보여 줄 때 더 큰 효과가 있었다. 나는 이것을 '복음을 전하는 이의 반대의 태도'라고 정의한다. 그리스도인이 세상과 반대되는 모습을 보일 때 세상은 복음에 대한 가치를 느끼게 되어 있다.

강의나 설교를 하러 다녀 보면 이러한 문제로 상담하는 청년들이 많이 있다. 회사에 다니면 술자리에 가야 하는데 이것이 신앙의 문제와 대립되어 고통스럽다는 것이다. 어떻게 하면 좋을지 질문해 올 때 나는 이 반대의 태도에 대해 이야기한다. 술자리는 얼마든지 가도 좋다. 그것은 어울림이니까. 그러나 그곳에서는 그리스도인의 품격을 보여야 한다. 무분별하게 음주와 흡연 그리고 그 뒤로 이어지는 2차, 3차, 4차에 휩쓸린다면, 당장의 분위기는 좋을 테지만 그 가운데서 그리스도인은 사라질 것이다. 하지만 술자리에서 함께 놀고 교제하며 즐거운 분위기에 동참한다 해도 흡연과 음주를 요구하는 분위기 속에서 그리스도인임을 밝히며 거부한다면, 당장의 분위기는 깨질지라도 그들이 힘들고 어려울 때 찾게 될 이는 이처럼 그리스도인의 품격을 지키는 사람일 것이다. 또한 그 술자리의 회식 가운데서도 희생하라. 회식 후 만취된 자리를 정리하며 사람들을 일일이 챙겨 보라. 그 이후로는 술자리에서 사람들이 구태여 술을 권하지 않을 것이다.

우리는 엄밀하게 알아야 할 것이 있다. 술 마시지 않는 사람을 회사 측에서 싫어한다고 이야기하는 그리스도인은 무언가 오해를 하고 있다. 회사는 음주를 잘하는 사람이 아니라 일 잘하는 사람을 좋아한다. 회식 때 잘 노는 사람이 아니라 능력 있는 사람을 좋아한다. 무엇보다 예수를 믿지 않는 사람들이 바라보는 예수님의 형상은 그리스도인이라는 것을 다시 한 번 기억해야 할 것이다.

나는 복음을 전하는 것에 있어서 이 반대의 태도가 무척 중요하다는 것을 깨달았다. 그것을 깨닫게 된 배경은 성매매 업소에 다니는 딸들을 만나게 되면서부터였다. 사람들은 대개 성매매는 특정 지역에서 특정 여성들이 거주하며 하는 것이라고 생각한다. 그러나 오늘날은 굉장히 달라졌다. 성매매는 불특정 지역에서 불특정 여성들이 파트타임제로 할 수 있는 것이 되어 버렸다. 누구나 할 수 있고, 주선 역시 개인이 한다. 모든 것이 관계에 의한 SNS로 이루어지기 때문에 수사하기도, 잡기도 힘든 환경이 되어 버렸다. 용어도 이전보다 훨씬 다양해졌다. 청소년들이 성매매하는 '원조', 노래방 도우미로 하는 '보도', 오피스텔에서 이루어지는 '오피걸', 그 외 단기·장기 스폰 등 생각보다 너무 쉽게 청소년들이 접근할 수 있는 시스템이 되어 버렸다. 실제로 한 교회의 중고등부 안에서 성매매를 주선하다가 걸린 아이들과 담당 전도사님을 함께 상담한 적도 있었다.

성매매를 하는 아이들에게 물어보면 함께하는 이들 중에는 자녀 학원비를 벌기 위해 온 아줌마도 있고, 대학 등록금을 벌기 위해 온 대학생 언니도 있다고 한다. 심지어는 떳다방처럼 운영하며 청소년으로만 성매매를 하는 업소도 제법 많이 존재한다고 한다. 녀석들의 말이 참으로 충격적이다.

"성매매하면 딱 우리 나이가 제일 돈 많이 받을 나이예요."

그 나이가 중2, 중3이다. 그러한 녀석들은 일반인들은 상상하지도 못할 만큼의 깊은 상처로 가득하다. 이런 녀석들에게 복음을 전한다는 것은 사실상 너무도 힘든 일이다. 처음 밥을 먹으며 복음을 전할 때 녀석들은 거의 나를 무시하다시피 했었는데, 녀석들과 교제하며 그럴 수밖에 없는 삶의 과정들이 있었음을 보게 되었다. 그래서 나는 나름의 원칙을 세워 놓았다.

첫째, 녀석들에게는 악수 같은 간단한 스킨십도 절대로 하지 않는다.

둘째, 무슨 일이 있어도 단둘이 있지 않는다.

셋째, 녀석들에게 나를 아빠라고 소개한다.

이 중 첫째와 둘째가 녀석들이 살아가는 삶 속에서 복음을 전하는 자의 반대의 태도를 보이는 것이었다. 내색은 안 하지만, 녀석들은 보통 '어른 남성'은 자신의 몸을 좋아한다고 생각하고 있었다. 어릴 때부터 성매매를 하다 보니 또래 아이들보다 훨씬 조숙한 몸을 가지고 있기에 그러한 것들을 자신의 무기라고 생각하는 것이다. 그런 녀석들에게 '나는 너의 몸에는 관심이 없어, 나는 그 어떤 육체적인 접촉을 하지 않아도 그리스도의 사랑으로 충분히 사랑해 줄 수 있어'를 보여 주는 행동이 녀석들과의 신체 접촉을 모두 차단하는 것이었다. 실제로 녀석들은 이러한 나의 삶에 상당히 큰 충격을 받았고, 몸이 아닌 마음과 정서적 사랑이 있다는 것을 인지하기 시작했다.

단둘이 있지 않는 것도 마찬가지다. 그동안 만나 온 남성들은 무슨 수를 써서라도 녀석들과 단둘이 있으려 했을 것이다. 아무도 모르게 단둘이 있어야만 악한 의도가 달성되기 때문이다. 하지만 나는 단둘이 만나야 하는 모든 환경을 차단했다. 녀석들을 만날 때는 친구와 함께 오게 하거나 내가 다른 누군가를 동행해서 가곤 했다. 이렇게 만나다 보니 녀석들은 나를 자연스럽게 본인들이 만나는 '남성'이 아닌 '사역자'로 인식하기 시작했다.

마지막으로 나는 녀석들에게 '아빠'라는 호칭을 사용하게 했는데, 여기에는 나름의 이유가 있었다. 내가 녀석들을 이성으로 보지 않도록, 혹은 녀석들이 나를 이성으로 보지 않도록 하기 위한 하나의 가이드라인을 성립하기 위함이었다. 더불어, 더 결정적으로는 하나님에 대해 정확하게 인지시키기 위함이었다. 대부분의 비신자들은 '하나님'을 인식함에 있어 '아버지'를 대입시킨다. '하나님'이라는 호칭 뒤에 '아버지'가 붙기 때문에 결국은 아버지의 역할이 하나님을 인식하는 데 있어 굉장히 중요하게 작용함을 자주 목격했다. 그런데 애석하게도 성매매를 하는 모든 아이들의 가정은 산산이 해체되어 있다. 극도의 자극과 상처에 휩쓸린 아이들의 아버지상이 온전할 리 없다. 녀석들에게 아버지란 없어야 도움이 될 사람에 불과했다. 그런 아이들에게 '하나님 아버지'를 소개하는 것은 여간 힘든 일이 아니다. 그래서 '하나님 아버지'를 이야기하기에 앞서 먼저 '바른 아버지의 모습'을 보여 줄 필요가 있었던 것이다.

'부녀 관계'가 성립된 이후로는 녀석들을 만나는 삶 자체가 하나의 교육이 되기 시작했다. 내 앞에서 담배를 피운 후 길거리에 꽁초를 버리면 나는 그것을 녀석들이 보는 앞에서 주워 휴지통에 버렸다. 식당 종업원들이나 카페 알바생들을 막 대하는 녀석들 앞에서 나는 그들에게 더 친절하고 예의 있게 행동했으며, 카페에서 난장판이 된 테이블을 놔두고 그냥 나가려는 녀석들 앞에서 나는 테이블을 닦고 정리하는 모습을 보여 주며 그렇게 녀석들을 교육시켰다. 재미있는 것은, 입으로 말하면 잔소리가 되고, 잔소리를 많이 하는 어른들은 꼰대라고 불리지만, 묵묵히 바른 모습을 보여 주는 것은 잔소리가 아니라 도전이 된다는 것이다. 치우는 나를 유심히 보던 한 녀석이 "아빠, 도와줄게. 그래야 빨리 가지" 하며 도와준 것을 시작으로, 지금은 내가 일어나면 녀석들이 자동으로 치우는 구조가 되었다.

단편적인 사건이지만, 이러한 것들이 복음을 전하는 이들이 보여야 하는 '반대의 태도'라 생각한다. 평생을 자신의 세상 안에서만 살다가 전혀 다른 삶의 자세와 반대된 태도를 만났을 때의 충격이란…. 돌이켜 보면 그것이 자극이고 학습이며 교육이 되었다. 양떼 예배도 마찬가지다. 나는 녀석들의 삶이 늘 클럽의 죽돌이, 죽순이의 삶이라 그들에게 익숙한 EDM이나 랩 또는 힙합풍의 예배가 드려지면 더 좋아할 줄 알았다. 그런데 아니었다. EDM 예배를 한번 시도했었는데 녀석들이 제법 매섭게 항의해 왔다.

　"이럴 거면 클럽에 가지 뭐 하러 여기서 이런 걸 해요?"

　"교회 예배 시간인데 이런 음악 트니까 옆에 앉은 여자애 몸만 보여요. 이거 하지 마요."

　"교회는 교회다워야지요."

　녀석들이 극도로 싫어하는 것이 명확히 보였다. 생각해 보면 EDM이나 힙합, 랩 같은 것을 이용한 예배는 교회에서 자란 아이들에게나 자극적이지, 녀석들에게는 전혀 자극이 될 수 없었다. 정말 재미있게도, 녀석들이 가장 큰 은혜를 받을 때는 통기타 하나 들고 찬송가를 부를 때였다. 그것이 녀석들에게는 삶에서 만나지 못한 깊은 자극이었다. 그 딱 한 번의 사건 후 양떼 예배는, 그리고 지금의 복음을 전하는 교회의 예배는 세상 그 어느 예배보다 클래식하게 드려지게 되었다.

그렇다. 어쩌면 복음이라는 기쁜 소식 그 자체가 본질적으로 기쁠 요소가 하나도 없는 악한 환경 속에서의 반대적 선포다. 세상이 절망을 이야기할 때 우리는 소망을 이야기할 수 있다. 사망이 생명을 덮는 구조의 세상 속에서 우리는 도리어 생명이 사망을 덮는 은혜를 꿈꿀 수 있다. 그리스도인이 복음을 전한다는 것은 세상과는 명확하게 반대의 태도를 취하는 것이다. 세속과 같은 입장에 서서 복음을 전하면 그 복음은 더 이상 복음일 수 없음을 깨닫는다. 이 땅에서 복음이 복음 되지 못하는 이유는 복음에 능력이 없어서가 아니라, 복음을 이야기하는 우리의 삶이 지독히도 세상을 닮아서일 것이다.

"그리스도인은 천국의 스포일러이다. 스포일러가 너무 재미없게 만들어졌기에 세상이 복음에 관심을 두지 않는다."

_정민영 선교사

복음밥 사역 일지

- 2016년 12월 21일 -

복음밥(복음과 밥이 함께 가는) 사역을 할 때면 매번 늦은 새벽 시간까지 술집 유흥가에서 녀석들과 함께한다. 그러다 보면 간혹 나를 알아보고 인사하는 사람들을 만나는데, 본의 아니게 이곳저곳 방송이나 강의를 다니다 보니 얼굴이 제법 알려졌나 보다. 오셔서 응원도 해 주시고, 케이크나 간단한 다과와 함께 인사도 해 주신다.

어제 새벽, 녀석들을 기다리려 술집들이 밀집되어 있는 먹자골목의 한 고깃집에 들어가는데, 술에 잔뜩 취해서 얼굴이 벌겋게 물든 회사원들이 몰려나왔다. 아마도 회사에서 직원 회식이 끝나고 나오는 것 같았다. 그런데 그중 한 분이 나를 보더니 안절부절못하면서 나에게 인사를 하시는 것이 아닌가? 그것을 본 옆의 동료 분도 당황해하면서 함께 인사를 하신다. 내가 사역자라는 것을 알고는 술에 취한 자신의 모습을 굉장히 부끄러워하면서 인사를 건네시는 것 같았다. 물론 나는 그분들을 모른다. 인사 후 술에 벌게진 얼굴로 말씀하신다.

"이런 모습으로 인사를 드려서 죄송합니다. 그렇지만 저희가 하시는 사역 정말 응원하며 기도하고 있습니다."

나는 괜찮다고, 도리어 인사 주셔서 너무 감사하다고, 힘내시라고 웃으며 이야기했지만, 상사들의 기분을 어떻게든 맞추려 노력하며 돌아가시는 두 분의 뒷모습을 보니 괜스레 마음이 아려 오면서 참 안타까웠다. 얼마나 힘들까? 그리스도인의 정체성과 도덕의식으로 세상을 사는 것이….

신실하다는 말이 때로는 예수 믿는 우리가 살아가야 하는 삶 앞에서는 잔인한 이야기처럼 느껴지기도 한다. 말로는 너무 쉽게 예수가 우리 삶의 전부라고 이야기하지만, 그렇게 살아내고 그렇게 살아야 하는 게 얼마나 처절하고 힘든 일인지….

신앙의 삶을 한 걸음씩 감당하며 조금씩 깊어질수록 '눈치와 조롱, 핍박에 굴하지 않는 믿음'도 참으로 소중하지만, 설령 굴했다 할지라도 스스로의 자리를 지키며 어떻게든 하나님에게 가까워지려 발버둥치는 그 믿음도 참 소중하다고 느껴진다.

늦은 이 저녁, 아니 너무 이른 아침인 이 새벽 시간이 나에게는 여전히 예배 시간이다. 그리고 내가 서 있는 이 술집 거리는 여전히 나의 교회이자 선교지이며, 온몸에 문신 가득한 녀석들, 상처와 아픔을 덕지덕지 몸에 휘두르고 다니는 이들은 나의 사랑스러운 성도들이다.

목회자가 교회를 떠나면 안 되듯이, 선교사가 선교지를 등지면 안 되듯이, 매일같이 내일이 되어 버린 밤에 나오는 것이 쉽지는 않지만, 나도 나의 성도들과 동일하게 세상을 살아 보려 발버둥쳐 본다. 그리고 이 시간, 특별히 넘어지는 혹은 넘어졌던 모든 이들을 축복해 본다. 일어나려고, 지키려고 발버둥치는 이들에게도 동일하게 축복으로 기도해 본다.

지켜 내는 그 처절함, 넘어짐에도 일어나고 살아 보려 노력하는 그 몸부림, 모두가 결코 손 놓지 않으시는 하나님의 사랑을 의지하길 소망한다.

8. 사명자를 흔드는 시험들

사명자인 우리는 꼭 기억해야 한다.
사탄이 우리에게 하는 타협은
사명을 완수하지 못하도록 방해하는 것이 아니라,
사명 앞에 쉬운 길을 제시하는 것이다.
더 안전하고, 더 평안하고, 더 쉽게 가는 것을 보여 주며
그 길을 가도록 부추기는 것, 그래서 희생과 낮아짐을 기본으로
헌신해야 할 우리의 사명 그 자체를 타락시키는 것이다.

한때 경제학자들이나 창업자들 사이에서 한참 도는 이야기가 있었다. "이노베이션(innovation)은 아웃사이더들이 일으킨다"는 이야기였다. 이 말은, 혁신은 어떠한 집단이나 주도 세력을 가진 단체가 아니라 독자적 입장을 고수하는 개인에게서 일어난다는 의미일 것이다. 아마도 이 시대가 정해진 규율이나 지금껏 알아왔던 정통성을 강조하는 삶보다는 개인의 독특함이나 개성을 중시하는 문화로 바뀜과 동시에 일어난 용어일 것이다. 그러나 이와 동시에 함께 도는 이야기가 있었는데, 그것은 "아웃사이더는 애고니(Agony)를 동반한다"는 이야기였다. 참 재미있다. 혁신은 아웃사이더가 일으키나, 아웃사이더는 늘 고통과 고민, 고뇌를 동반한다니

딜레마가 아닐 수 없다. 이처럼 남들이 하지 않는 일을 하는 사람들의 삶에는 극명하게 부딪히는 도전들이 있다. 세속의 일도 그러할진대, 신앙의 길을 가는 것에는 얼마나 많은 도전들이 있을까?

성경에서 이야기하는 그리스도인은 분명 세상의 구습대로 살아가는 이들이 아니라 세상과는 전혀 다른 방식으로 살아가는, 어쩌면 아웃사이더들일 것이다. 그렇기 때문에 우리의 삶은 올바른 그리스도인으로 살아가려고 버둥댈수록 그만큼 더 큰 아픔과 고통이 따르며, 이익과 실리, 십자가와 사명의 길 사이에서 끊임없이 부딪히는 고민과 번뇌들이 존재한다. 어쩌면 우리에게 일어나는 이러한 애고니적 현상은 당연한 것일 수도 있다. 현시대의 그리스도인뿐만 아니라 모든 신앙의 선배들, 그리고 이 땅에 성육신하신 예수님마저 공생애 기간 동안 세상의 무수한 도전들에 직면하셨다는 것을 알아야 한다.

그래서 참된 그리스도인의 삶은 모든 것이 완전하고 행복하며 상처 하나 없는 안락한 삶이 아니라, 참고 삭이고 버티고 인내할 때가 더 많은 삶, 각자의 자리에서 세상의 도전과 치열하게 싸우는 삶인 것이다. 세상의 도전들은 여러 모양으로 우리를 넘어뜨리기 위해 존재해 왔고, 그 도전은 오늘도 여전히 진행 중이다. 그러나 우리가 알 수 있는 한 가지 사실은, 각자가 받는 시험과 연단의 모양들은 다르나 본질적인 세상의 도전은 늘 같은 방식이었다는 것이다. 어쩌면 공식이라 할 수 있는 이 세속의 도전들을 우리가 어떻게 이길 수 있는지 함께 나누어 보고자 한다.

생존이라는 이름의 도전

성경의 공관복음(마태, 마가, 누가)에는 각각의 기자들이 각자의 개성을 담아 동일하게 기술한 사건들이 등장한다. 그중 사명자에 대한 세속의 본질적 도전에 대해 이야기하는 한 사건이 있는데, 바로 예수님이 광야에서 시험을 받으신 내용이다. 재미있는 것은 예수님이 광야로 들어가시기 직전에 있었던 일이다. 이는 모든 공관복음 기자들이 기록한 것처럼, 예수님이 세례 요한에게 세례를 받으신 사건이다. 성령의 충만한 임재 가운데, 어찌 보면 성경에 나타난 몇 안 되는 삼위 하나님의 등장과 함께 창조주와 구속자의 권위로 이제 세상을 죄로부터 구원하시겠다는 그 광대한 선포의 사건이 광야 사건 이전에 있었다는 사실이다.

엄청난 은혜의 도전을 입고 분명한 목적으로 사역을 시작하려는 그때, 성경은 예수님이 바로 사역을 시작하지 않고 광야로 들어가셨다고 기록한다. 얼핏 보면 이해가 되지 않는다. 사역은 사람에게 하는 것이므로 사역을 하기 위해서는 사람이 많은 곳으로 가는 것이 정상이기 때문이다. 예루살렘이나 갈릴리, 최소한 나사렛 정도라도 가야 사역을 하실 수 있다. 하지만 예수님은 사람 하나 없는 광야로 들어가셨다. 그것도 사탄이 아닌 성령 하나님의 인도하심 가운데 들어가셨다. 이렇게 예수님의 전 인류 구속 사명의 첫 단추는 광야에서 시험이라는 이름으로 시작되었다. 예수님의 길을 간다면 우리 또한 마찬가지다. 하나님의 부르심에 순종해서 무엇을 시작하는 기점, 굳은 의지와 결단으로 나아가려 하는 그 시간에 성령 하나님은 우리를 각자만의 광야의 시간으로 이끌어 주신다. 그리고 그곳에서 수없이 많은 고민과 고통, 도전들을 겪게 하신다. 그 많은 고통 가운데 공관복음이 기록한 사탄의 첫 시험은 떡에 대한 내용이었다.

"예수께서 성령의 충만함을 입어 요단 강에서 돌아오사 광야에서 사십 일 동안 성령에게 이끌리시며 마귀에게 시험을 받으시더라 이 모든 날에 아무것도 잡수시지 아니하시니 날 수가 다하매 주리신지라 마귀가 이르되 네가 만일 하나님의 아들이어든 이 돌들에게 명하여 떡이 되게 하라 예수께서 대답하시되 기록된바 사람이 떡으로만 살 것이 아니라 하였느니라"(눅 4:1-4).

마귀는 금식 후 주리신 예수님에게 떡, 혹은 빵을 언급한다. 여기서 떡은 분명 당시에 먹던 주된 먹을거리의 일종일 것이다. 하지만 이것은 단지 40일을 금식하시어 시장하신 예수님에 대해 허기짐을 달래라는 의미로만 도전한 것은 아닐 것이다. 사탄의 이 떡, 혹은 빵에 관한 도전은 오늘날 본질적인 물질에 관한 유혹이라는 것을 깨닫는다. 먹고살아야만 하는 세상의 구조 속에서 삶의 대부분을 물질적인 것을 위해서만 살아가도록 만드는 올무, 나는 이것이 오늘 사탄이 사명을 감당하시려는 예수님에게 도전한 유혹이라 생각한다.

신앙의 존재 유무와 상관없이 우리 삶에서 물질이 주는 중요함은 굉장히 클 것이다. 특별히 자본주의 사회 속에서 소비를 하며 살아가는 오늘날은 물질이 주는 가치가 더없이 소중하게 느껴질 수밖에 없다. 그래서 이 사회를 살아가는 많은 이들이 불투명한 미래와 불안한 환경 앞에 부의 축적을 가치의 최우선으로 여기며 살아간다. 그리고 그러한 가치들이 모여서 문화가 되고, 결국 이 사회는 물질만능주의나 배금주의 같은 재물을 숭배하는 삶의 모습들까지 등장했다.

이러한 사회 속에서 손해와 이익의 구도를 벗어던진 채 아무 조건 없이 누군가에게 물질을 퍼 준다는 것은 결코 쉬운 일이 아니다. 사실 사명을 감당하며, 복음을 전하는 것에 삶을 매진하며 살아가는 이들이나 공동체, 선교 단체 및 교회들이 힘들다고 고백하는 결정적 이유가 무엇이겠는가? 대부분 부족한 물질로부터 밀려오는 어려움이다. 그러다 보니 어떤 이들은 이렇게까지 이야기하기도 한다.

"우리 기도 제목의 9할 이상은 돈 있으면 하는 것이다."

부정할 수만은 없는 현실이다. 나 또한 여기에서 자유로울 수 없다. 종종 인터뷰나 방송에서 '양떼 사역을 감당하면서 가장 힘든 것이 무엇이냐'는 질문을 받는다. 그때마다 나는 '열심히 복음을 전했으나 복음을 받아들여 성장했다고 생각한 아이들이 사고를 치고 다시 원점으로 돌아갔을 때'라든가, '힘들 때는 와서 아픈 사건들을 모조리 떠넘기고 해결되면 도망가는 어려움들', 혹은 '아이들을 맡는 중에 부딪히는 위험한 사건들'을 이야기하지만, 그건 표면적인 어려움들이고, 나의 솔직한 심정은 언제나 '재정'이었다. 모든 사역이 그렇겠지만, 특별히 위기 청소년 사역에서 재정은 총알이다. 10만 원이 있으면 10만 원어치의 복음을 전할 수 있고, 20만 원이 있으면 20만 원어치의 복음을 전할 수 있기 때문이다.

양떼 예배를 이어 갈수록 나를 옭아매어 오는 힘듦은 바로 '재정'이 확실했다. 아이들이 공동체에 오는 이유는 사실 예배 때문이라기보다 결국 '나와 만나는 것, 그리고 밥을 먹는 것'임을 알고 있었다. 그렇기에 아무리 돈이 없어도 토요일 저녁은 밥도 안

먹고 나름 멀리까지 찾아와 예배한다고 앉아 있는 녀석들에게 밥한 끼는 먹여야 한다는 의무감이 있었다. 아이들 대부분은 주 중에도 밥을 잘 못 먹고 다녔다. '가정의 해체'나 '부모의 부재'로 인한 방치가 가장 큰 이유였다. 그래서인지 녀석들은 누군가와 함께밥을 먹는 그 분위기와 베풀어 주는 따스한 사랑을 참 좋아했다. 특별히 어른인 누군가가 본인들을 위해 서슴없이 고기를 사 주고함께 대화한다는 것 자체에 큰 의미를 부여했는데, 아마 가정의모형을 느끼는 것 같았다. 그렇기에 내가 직접 차려 주지는 못하지만, 적어도 일주일에 한 번은 양떼 공동체 모두가 함께 모여 밥을 먹으면서 그리스도 안의 진실한 공동체에서 나오는 따스함과 정을 느끼게 해 주고 싶었다.

그렇게 먹으며 이야기하다 보면 오히려 깊은 질문들이 더 많이오간다. 녀석들은 대부분 그때 성경에 대해서, 교회에 대해서 그리고 하나님에 대해서 스스럼없이 물어본다. 내가 먼저 교회나 성경에 대한 이야기를 꺼내지 않았는데도 말이다. 아마 마음의 문이활짝 열렸기 때문일 것이다. 그렇기에 식탁의 교제는 우리에게 있어서만큼은 예배의 연장선이다. 주 중이나 저녁, 새벽 할 것 없이계속 녀석들을 만나 고기를 사 먹이고, 토요 양떼 예배에 이끌어같이 예배드리고, 놀러 가고 싶다고 하면 같이 놀러 가고…. 어쩌면 우리 사역은 이 삶의 반복이다.

그러다 보니 현실적인 문제가 등장했는데, 바로 재정의 문제였다. 파트타임으로 전도사 사역을 하면서 받은 돈은 '세 아이'를 키우기에도 턱없이 모자랐고, 더욱이 혼자 올라온 서울은 아무리 안 먹고 안 쓴다 해도 고정적으로 빠져나가는 지출이 꽤 많았기 때문이다. 그 가운데서 '양떼 커뮤니티' 아이들의 식사와 간식까지 신경 쓰기란 사실 '불가능'에 가까웠다. 매주 공식적인 간식비로 20여만 원이 들어갔는데, 공식적이지 않은 간식비는 그보다 배가 더 들어갔다. 대략 한 달에 적게는 200만 원에서 많게는 300만 원까지 공동체 아이들의 식비로 들어갔으니 감당이 되질 않았다. 한 주를 어떻게든 때우면 다시 다음 주 간식비와 녀석들 식비를 걱정해야 했다. 어떻게든 먹이려고 일단 신용카드를 긁지만 이또한 갚을 길이 없어 또다시 고민과 걱정을 한다. 창피하고 자존심 상하는 것을 죽기보다 싫어했던 내가 여기저기에 돈을 빌리고 있고, 그 빌린 돈까지 갚을 길이 없는 염치없는 상황의 연속이었다. 그때의 훈련으로 나는 아직까지도 녀석들의 식비를 계산할 때면 속으로 모든 지출 내용을 더한 후 카드의 잔액과 비교하는 습관이 있다. 잔액 부족이라는 것이 내 마음속에 트라우마로 남았기 때문이다.

한 주, 한 주 예배가 지속될 때마다 아이들 간식비에 쫓겨 정작 나는 밥을 굶은 적도 제법 많았다. 당시 거주할 곳이 없어 가족들과 떨어져 고시원에서 홀로 생활하는 나에게 주어진 일주일 생활비는 약 10만 원 정도였다. 그때는 참 미련하게도 내가 한 끼를 안먹으면 한 녀석을 더 먹일 수 있다는 생각에 쫄쫄 굶으며 녀석들의 간식비를 그렇게 챙겨 댔었다. 돈이 없다는 서러움과 가족과 떨어져 있다는 외로움이 동시에 밀려들어올 때면 하나님에게 원망도 많이 했던 것 같다. 그렇게 버티면서 사역을 하다 보니 자연스럽게 사역의 가치가 재정과 연결되기 시작했다. 주 중에 만나서 고기를 먹였는데 예배에 나오지 않는 녀석이 생기면 이상하리만치 서운했고, 사용한 재정도 아까워졌다. 그러다가 종국엔 고기만 먹고 안 오는 녀석들을 자연스럽게 혼내고 있는 나를 발견하게 되었다. 사랑에서 나오는 헌신에 값이 매겨지고 사명의 값어치가 재정이 되려던 찰나, 하나님은 나에게 사명의 가치는 재정이 아님을, 하나님이 실제로 먹이고 입히심을 깨닫게 하시는 하나의 사건을 허락하셨다.

어느 토요일, 그날도 여전히 양떼 예배에 오는 녀석들을 기다리고 있었다. 그 주간은 정말 눈물겹게 간식비를 모은 주간이었다. 파트타임으로 섬기던 교회의 한 권사님이 교회를 섬기는 사역자들에게 아몬드를 한 박스씩 선물해 주셨는데, 나는 생활비를 최대한 아끼고자 배고플 때마다 그 아몬드를 씹으며 하루 두 끼씩을 해결한 것이다. 그렇게 최소한의 지출에 성공했고, 한 집사님의 헌금과 합해 예배 후 녀석들에게 햄버거 세트 하나씩 사 줄 돈을 마련했다.

정신없이 양떼 예배가 끝났다. 그리고 녀석들은 어김없이 배고 프다고 아우성을 쳤다. 나는 그런 녀석들에게 오늘은 햄버거가 끌 리니 패스트푸드점으로 가자며 녀석들을 이끌었다. 예배가 끝나 고 바쁘다며 먼저 가 버린 녀석들을 제외한 근 20-30여 명의 녀석 들이 자리에 앉았다. 1인당 세트 하나, 그 이상은 절대 안 되는 규 칙을 준수하며 주문하기 시작했다. 잠시 후 계산하기 위해 지갑을 들고 카운터를 향했다. 그런데 아뿔싸! 지갑을 보니 굶으면서까 지 열심히 모은 돈이 하나도 없었다. 정말 아찔했다. 주문이 끝난 카운터에서는 자꾸 "결제 도와드리겠습니다, 손님"이라고 하고 있고, 내 뒤에는 손님들이 밀려 있고, 정말 앞이 깜깜했다. 지갑 안에 넣어 둔 돈이 온데간데없어진 것이다. 생각을 했다. 그러다 가 불현듯 한 장면이 떠올랐는데, 설교 시작 전 돈이 들어 있는지 확인하고 내려 두었던 내 지갑을 양떼 녀석 하나에게 맡겼던 것 이다. 그 녀석은 예배가 끝나기도 전에 바쁜 일이 있다며 급하게 집으로 가 버렸는데, 평소에는 늘 간식을 먹고 갔던 녀석이다. 그 순간 천연덕스럽게 인사하고 가 버린 녀석의 얼굴이 떠올랐다. 녀 석이 내 그 귀한 돈을 가져간 것이다.

서운함이 몰려왔다. 배고플 때마다 꺼내 먹던 아몬드, 그리고 우연찮게 고시원 방 안의 거울에 비친 아몬드를 먹던 나의 모습이 떠올라 괜히 울컥했다. 더욱이 누가 돈을 훔쳐갔는지 알지만 그것을 타박하지 못한다. 그 사건을 빌미로 녀석을 혼낸다면, 녀석은 분명 나를 피해 도망 다니며 예배에 오지 않을 것이다. 녀석이 가져간 돈도 분명히 받지 못할 것이다. 그렇게 되면 나는 돈도 잃고 녀석도 잃게 될 것이며, 녀석은 그 사소한 잘못 하나에 '예수'를 만날 기회를 또 잃게 될 것이다. 돈 20여만 원 때문에 한 녀석이 교회를 떠난다는 생각에 이러지도 저러지도 못하며 화만 삭여야 했다. 서운함과 화가 밀려오면 원망의 대상을 찾기 마련이다. 나의 원망의 대상은 하나님이었다. 이 모든 사건의 책임을 져야 하는 분은 하나님이셨다. 그 짧은 몇 초간 하나님을 얼마나 많이 원망했는지 모른다. 최선을 다해 하나님을 원망했던 것 같다.

그러나 원망은 원망이고, 결제는 해야 했다. 어찌할 줄 몰라 지갑을 뒤지는데 지갑 깊숙이 체크카드 하나가 보였다. 그것은 기억에서 사라졌던 카드였다. 학창 시절 아르바이트비가 들어오던 카드였는데, 당시 우리 가정의 모든 재정을 맡아 관리하던 아내마저도 이 카드의 존재 여부를 몰랐을 만큼 관심 밖의 카드였다. 나는 그 카드를 직원에게 주었다. 이 체크카드에 돈이 들어 있을 거란 생각은 애초에 하지 않았다. 단지 또 누구에게 돈을 빌려야 하나를 고민하기 위한 일종의 시간벌이용이었다. 그런데 잔액이 없어야 맞는 이 카드가 긁혔다. 카운터 직원은 "결제 완료되셨습니다"라고 이야기하며 나에게 카드와 영수증을 함께 건네주었다. 얼떨결에 멍하니 서서 카드를 받은 나는 또 한참을 고민하게 되었다.

'대체 이 카드가 왜 긁힌 거지? 예전에 받았던 월급을 쓰지 않았나? 혹은 어디서 검은 돈이 들어온 것인가? 아니면 오병이어의 은혜?'

정말 별생각을 다 하면서 자리로 돌아왔다. 그러고는 예배 시간이라 가방에 넣어 둔 휴대폰을 꺼냈는데 문자 하나가 와 있었다. 지방에서 목회와 사회복지를 병행하시는 어머님과도 같은 목사님이셨다.

"전도사님, 매주 양떼 아이들 먹이느라 많이 힘드시죠? 전도사님 기도를 하는데 이번 주 간식은 제가 사야 할 것 같아서 돈을 좀 보냈어요. 계좌를 찾다가 전에 일하셨던 계좌로 보냈어요. 힘내세요."

놀랍게도 목사님은 나에게 보낼 계좌를 찾다가 아르바이트했을 때 월급을 입금하셨던 기록을 보시고는 그 계좌로 선교 헌금을 입금하신 것이었다. 그것도 남지도 부족하지도 않을 만큼 정확히 아이들 간식 값에 맞추어서 말이다.

그리스도인들 모두가 이렇게 살아야 한다고 말하는 것은 결코 아니다. 나는 개인적으로 하나님의 허락하심 안에서 많은 그리스도인들이 풍요로움 가운데 어려운 이들을 돕기를 소망한다. 나 역시 그런 삶을 소망하기도 한다. 하나 내가 이 사건을 통해 깊이 깨달은 것이 있다면, '하나님의 자녀는 하나님이 분명하게 먹이신다는 것'이었다. 하나님의 뜻을 좇아 미련하게 살아가는 자들 앞에서 역사하고 펼치시는 하나님의 먹이심, 도우심은 오늘날에도 분명하게 존재한다는 것이다.

이 사건은 양떼 아이들이 아닌 나를 위해 허락하신 하나님의 계획적 사건이라 확신한다. 사역을 한다면서 돈이 없을 때 빌릴 사람을 먼저 생각했던 나, 헌신자라는 탈을 쓰고 내가 고생해서 녀석들을 먹이려고 했던 나, 그 가운데 내 마음대로 되지 않으면 하나님을 원망하는 것도 다반사였던 나를 정확하게 보여 주신 사건이었다.

삶의 많은 과정들 앞에서 믿고 나아간다 했지만 실상은 '물질' 앞에서 전혀 믿음이 없었던 나를 직면하게 되었다. 물론 지금도 가진 것은 하나 없지만, 이제껏 녀석들을 굶겨 본 적도 한 번도 없다. 1년에 대여섯 번씩 하는 큰 행사 가운데도, 작게는 아이들을 심방하며 사 주는 고기 값도 써야 될 곳에는 늘 주시는 은혜가 있었다. 광야에서 인도하시는 동안 역사하셨던 동행하심을 느끼게 하시며, 또 그때그때 감사하게 하셨다. 그런 매일의 기적적인 먹이심을 통해 비단 물질뿐이 아닌, 나의 삶 모든 부분의 부족함을 '하나님'으로부터 채워야 한다는 것을 깨닫게 하셨다. 어쩌면 '물질'은 이 땅을 살아감에 있어 나타나는 하나의 현상에 불과하다. 물질뿐 아니라, 나의 삶에서 나오는 모든 '부족함'을 완전히 채워주시는 분은 하나님밖에 없는 것이었다.

그러나 사탄은 여전히 우리의 환경에서 부족함과 결핍을 강조한다. 40일간의 금식 후 주리신 예수님에게 가장 필요한 것이 마치 떡인 양, 떡의 결핍을 강조하며 그것에 모든 집중을 쏟게 하는 것, 이는 마치 오늘을 살아가며 주린 우리에게 먹고사는 것을 위해 살아가야만 한다고 강조하는 모습과 일치한다. "너 이렇게 해서 어떻게 살래?", "교회도 좋은데 일단 돈을 벌어야 할 것 아냐? 일이나 해, 돈도 하나 없으면서", 혹은 "일단 공부를 먼저 해야 좋은 대학 가서 좋은 곳에 취직할 거 아니냐" 등 결국 모든 관점의 우선순위를 먹고사는 떡에만 두도록 만드는 것이다. 결국 '어떻게 먹고살아야 하는가?'를 고민하며 걱정하다가 죽도록 만드는 것이 사탄의 전략이다. 우리는 허기짐을 강조하고 떡의 결핍을 이야기하는 세상 속에서 하나님의 뜻과 맡기신 그 사명을 향해 나아가야 한다.

"예수께서 대답하여 이르시되 기록되었으되 사람이 떡으로만 살 것이 아니요 하나님의 입으로부터 나오는 모든 말씀으로 살 것이라 하였느니라 하시니"(마 4:4).

주님은 '안정되지 않은 물질의 고통' 속에서 나의 '물질관'을 재정립하게 하셨다. 돌이켜 보면 나에게 있어서 '물질'은 하나님의 '고삐와 안장' 역할을 한다. 물질이 많으면 나는 분명 물질을 깃발 삼아 주님보다 앞서 나갈 것이다. 사역에 대한 욕심이 많고, 남들보다 빠르게, 더 높게 가고 싶어 하는 내가 물질에서 자유로울 만큼 풍요로울 때, '영혼 구원'을 빌미로 얼마나 천방지축 앞서 나갈지 주님은 이미 알고 계신 것이다.

나는 양떼 커뮤니티를 섬기며 물질이 없을 때 내가 얼마나 힘없고 볼품없는 사람인지를 알게 되었다. 주변의 잘사는 사람들과 나를 비교하며 비교의식과 패배감에 눈물지을 때도 있었고, 당장 해결해야 하는 카드 값 결제와 위기 청소년들을 섬기면서 쌓인 빚 때문에 스트레스 받으며 잠 한숨 못잘 때도 있었다. 그뿐인가? 양떼 녀석들은 재정이 있을 때마다 고기와 간식들을 사 먹이는데, 막상 내 아이들이 고기가 먹고 싶다고 조를 때는 돈이 없다고, 다음에 먹자고 말하면서 눈물을 삼킬 때도 있었다.

솔직한 마음으로 이해하지 못할 때도 많았다. 하나님이 나에게 '재정'을 채워 주시면 전부 주님을 위해, 영혼 구원을 위해 사용할 것인데 왜 주시지 않는지 불만을 품으며 기도할 때도 있었다. 하지만 지금 생각해 보면, 나는 그러한 '재정의 부족함'에서 나오는 고통을 품으며 나의 가치관이 어디를 향하고 있는지 직면하게 되었다. 그리고 머리를 숙여 땅을 바라보던 시선을 움직여 고개를 들어 하늘을 보게 되었다. 그럴 때 비로소 주님보다 앞서 나갔던 발걸음을 멈추고 엎드리게 되었다. 아무것도 못한다고 생각할 때, 삼키고 삭이고 참고 억누를 때, 그때 주님이 나의 손을 잡고 친히 앞서가셨다. 이러한 연단이 되어 있지 않으면 돈을 쌓고 모아야 하며 남을 밟고 올라서야 되는 세상 속에서, 많음이 선함이라고, 부유해지는 것이 성공이라고 외치는 이 세대와 가치관들 속에서 결코 진정한 의미의 '손해'와 '헌신'을 할 수 없음을 고백한다.

타협이라는 이름의 유혹

물질적인 가치와 피상적으로 보이는 욕망의 길에서 벗어나 하나님의 명하심을 좇아 살아가는 이들의 삶은 단편적일 수 없다. 사명은 결코 일회적인 이벤트가 아니기 때문이다. 특별히 행사나 축제가 많은 현대 사회의 신앙생활에서는 하나의 이벤트를 사명으로 착각할 때가 많다. 교회나 연합 단체에서 주관하는 이벤트성 행사를 열심과 성실로 감당한다. 가진 역량을 다 바쳐서 최선을 다해 감당하고는 행사가 끝나게 된다. 이후 무엇인가 삶 속에 많은 변화가 있을 것이라 기대하지만, 정작 삶의 자리에 다시 돌아와 발견하게 되는 것은 여전히 변하지 않는 나의 모습이다. 아니, 도리어 열과 성을 다하던 목표가 사라지니 마음에 공허함만 가득할 뿐이다. 이것의 반복된 패턴은 교회 생활을 '일'적으로 만드는 폐해를 야기한다. 그리고 일적인 신앙생활은 지치는 계기를 가져오며, 자연스럽게 삶 속에서 무기력한 신앙생활의 모습을 만들게 된다. 물론 이벤트성 행사의 모든 것들을 무의미하다고 이야기해서는 결코 안 되겠지만, 이러한 이벤트성 행사가 사명을 모두 대변하는 것 또한 아니다. 사명은 결코 일회성이 아니며, 우리의 전 생애, 모든 삶에 걸쳐서 지속적으로 완수해야 하는 대의다.

우리가 살아가는 전 생애에 걸친 이 신앙의 여정 안에서 십자가의 길을 걷고 있는 자라면 필히 고민하고 근심할 수밖에 없는 유혹이 하나 있다. 바로 '타협'이다.

"마귀가 또 예수를 이끌고 올라가서 순식간에 천하만국을 보이며 이르되 이 모든 권위와 그 영광을 내가 네게 주리라 이것은 내게 넘겨 준 것이므로 내가 원하는 자에게 주노라 그러므로 네가 만일 내게 절하면 다 네 것이 되리라 예수께서 대답하여 이르시되 기록된바 주 너의 하나님께 경배하고 다만 그를 섬기라 하였느니라"(눅 4:5-8).

어쩌면 기대 이하를 살아가는 이들에게는 타협이 존재하지 않을 수도 있다. 그들에게 필요한 것은 타협하지 않는 순전함이 아니라 삶을 바꾸려는 도전이기 때문이다. 이 신앙적인 타협은 늘 하나님의 기대치를 충족시키려고 발버둥치는 삶에서 나타난다.

전 인류의 죄를 사하시며, 모든 창조 세상을 회복하고 구원하시는 사명을 가지고 이 땅에 오신 그리스도 예수, 과거, 미래, 현재의 모든 열방을 회복시킬 예수님에게 마귀는 잠깐뿐인 세상 영역의 권세와 영광을 보여 준다. 그리고 자신에게 절하면 이 모든 것을 주겠다고 이야기한다. 나는 이 본문이 오늘날 예수의 길을 걷는 이들에게도 동일하게 등장하는 사탄의 유혹 방법 중 하나라 확신한다.

"마귀가 또 예수를 이끌고 올라가서 순식간에 천하만국을 보이며"(눅 4:5).

우리가 이루고 나아가야 할 사명이라는 거대한 뜻 안에서 세상의 법칙과 원만하게 타협하는 길을 선택하도록 만드는 시선의 유혹, 사탄은 먼저 시선을 빼앗음으로써 그리스도인들이 해야만 하는 하나님의 요구와 사명을 감당하지 못하게 방해한다. 이루어야 할 역사와 명하신 하나님의 뜻을 보지 못하도록 순식간에 천하만국을 보여 주며 그곳에 집중하게 하고, 어느 순간 내게 맡기신 사명의 그 큰 뜻으로부터 눈을 가리게 하는 사탄의 흔듦 속에서 우리 그리스도인은 무엇을 보아야 하는가? 그리고 과연 우리의 시선은 어디에 고정되어 있어야 하는가?

양떼 사역을 감당하면서 수많은 상황 속에서 나름의 타협에 대한 도전들이 있었다. 그중 가장 많이 공격받았던 영역은 부끄럽지만 '새벽 사역'이었다. 늦은 저녁, 보통 11시 이후 아이들이 거하는 어둡고도 휘황찬란한 술집 거리의 현장에 매일같이 나가는 것만큼 하기 싫은 일이 없다. 그럼에도 양떼 사역의 정수는 가히 새벽 사역이라 장담할 수 있을 만큼 중요한 것이었다.

교회에 한 번도 와 보지 못한 녀석들에게 교회 오라고 말만 하는 것이 아니라, 내가 먼저 녀석들이 거하고 친숙하게 여기는 그들만의 현장으로 찾아간다. 그리고 그곳에서 대략 열 번 정도 녀석들을 만나 교제하면, 녀석들은 한 번이라도 내가 있는 영역인 교회로 와서 예배를 하게 된다. 그래서 이 새벽 사역은 나에게 정말 중요한 사역이자 현장이며, 선교지다. 엄밀히 말하면, 이 사역은 단순히 아이들을 만나는 것에서 끝나는 것이 아니라, 술집 거리에 십자가를 꽂는 일종의 영역 다툼인 것이다.

그러나 남들이 다 잠을 청하는 새벽 시간에 술집 거리나 아이들이 거하는 모텔 촌, 유흥가에 가야 한다는 것은 결코 쉬운 일이 아니었다. 물론 매일같이 큰 사고나 험악한 일들이 일어나지는 않는다. 그럼에도 새벽 현장 거리를 가기 전 채비를 하는 나는 항상

예민하고 민감해진다. 그리고 마음이 굳어진다. 하지만 재미있는 것은, 막상 가면 하나님이 오늘 왜 나를 이곳에 보내셨는지, 하나님이 나에게 무엇을 이야기하시는지를 늘 깨닫고 돌아온다는 것이다. 가기만 하면 녀석들과 함께 교제하고 놀면서 그 안에서 나름의 기쁨과 즐거움들을 만끽하며 위로를 받는다. 그런데 가기 전까지는 왜 그렇게 힘든지…. 나에게 가장 많은 공격이 있는 시간은 나가기 전 딱 그 시간이다. 귀찮고, 쉬고 싶고, 사용하는 재정도 아깝다는 생각이 들고, 조금이라도 안전하게 있고 싶은 마음을 품게 해서 사탄은 타협을 시도한다. 만나야 하는 아이들을 등지게 하려는 그 유혹은 언제나 나를 힘들게 한다.

나는 거의 매일 이것들과 싸움을 했다. 나를 찾는 아이들의 전화 통화 목록과 SNS 메시지들을 한참 바라보고는 한숨을 쉬면서 '그래도 가야지'와 '오늘은 하루만 쉬자'라는 것에 대한 싸움. 그러던 어느 날, 한 아들 녀석과의 만남을 통해 하나님이 나를 다시금 되돌아볼 수 있게 하셨다. 새벽 1시쯤, 한 녀석에게 메시지가 왔다. 녀석은 본인과 비슷하게 가출한 친구와 함께 살고 있는 일명 '가출 팸'에 소속된 녀석이었다. 아버지가 없는 녀석은 나에게 늘 "아버지, 아버지" 했고, 실제로도 정말 말 안 듣는 아들 역할을 톡톡히 하는 녀석이었다. 그런데 새벽 1시경, 뜬금없이 내가 너무 보고 싶어서 그러는데 좀 만나 달라고 칭얼대는 것이었다. 평상

시 같으면 가서 바로 만나겠는데, 하필 그날은 아침 10시부터 경기도의 한 교회에서 외부 설교가 있었고, 그날 저녁에도 다른 곳에서 설교를 해야 하는 일정이었다. 더욱이 밖에는 비가 부슬부슬 내리고, 몸 상태도 조금 좋지 않아 당일 새벽 일정을 전부 취소하고는 씻고 자려고 준비를 막 끝낸 참이었다.

녀석은 계속해서 연락했다. 메시지를 읽지 않자 녀석은 알 수 없는 번호로 전화를 하더니 협박하기 시작했다. 오늘 안 보면 자살을 한다는 둥, 이제 진짜 평생 안 본다는 둥, 절도도 하고 지나가는 사람들 패서 다 때려눕힐 것이라는 둥, 내용은 굉장히 자극적인 것 같으나 녀석이 맨날 했던 협박이라 그렇게 큰 동요가 되지는 않았다. 그리고 사실 무언가 큰일이 있어서가 아니라, 단지 배도 고프고, 돈도 없고, 할 것도 없으니까 나를 찾는 아이들이 대다수기 때문이다.

나는 한참을 고민하다가 녀석에게 이야기했다.

"나, 아침 10시에 경기도에서 외부 설교해야 되고, 그거 끝나면 바로 또 충청도로 넘어가서 저녁에도 설교해야 되는데 좀 참아라, 응? 나 지금 몸도 안 좋고 계속 열이 나서 그러는데, 내일 지나서 내가 맛있는 거 사 줄 테니까 조금만 참아, 인마."

그런데 어찌된 일인지 녀석은 말없이 듣고만 있더니 전화를 툭 끊어 버렸다. 마음이 안 좋았던 것은 사실이다. 그러나 녀석이 포기한 것 같아서 이젠 좀 잘 수 있고 쉴 수 있다는 생각에 안도감이 더 들었다. 그런데 자려고 침대에 누우려는데 녀석에게 메시지가 하나 왔다.

"무슨 아빠라는 인간이, 아들이 그렇게 보고 싶다고 하는데 이렇게 비싸게 굴어요? 이런 아빠가 어디 있어요? 쌤도 결국은 그냥 우리 만나기 귀찮은 거죠? 우리 키우기 귀찮아서 도망간 우리 아빠랑 쌤이랑 뭐가 달라요?"

그 메시지를 본 나는 마음이 전부 무너져 내렸다. 내 몸 좀 쉬겠다고 녀석의 그 아픈 상처를 벌려놓은 듯한 기분이었다. 그리고 불현듯 떠올랐다. '내가 믿는 나의 예수님은 지금 어디에 계실까? 자려고 준비한 침대 안에 계실까, 아니면 녀석들과 함께하고 계실까? 설교 원고를 준비하고 계실까, 아니면 녀석들을 달래 주고 계실까?' 나는 한숨을 쉬고는 옷을 갈아입고 녀석들을 만나러 갔다. 아무리 생각해도 나의 예수님은 녀석들과 함께하고 계실 것 같았기 때문이다. 도착해서 녀석들과 24시간 열려 있는 한 패스트푸드점에 들어갔다. 녀석들은 나를 보더니 능글맞게 웃으면서 "아빠 맞네? 아버지?"하며 햄버거 라지 세트를 세 개씩 흡입하고는 이야기했다.

"아버지, 나 그냥 자수하려고요(녀석은 수배 중에 있는 아이였다). 그리고 혹시나 (소년원에) 안 들어가게 되면 그때부터는 교회도 다닐게

요. 그 뭐냐 기도, 그거 좀 해 줘요. 나를 위해서."

만날 때마다 그렇게 자수해야 한다고 했는데, 얼굴 볼 때마다 제발 좀 교회에 오라고 했는데 이제야 녀석이 마음을 먹었나 보다. 귀한 결단을 내린 녀석의 얼굴을 빤히 보는데, 그 순간 내 마음 가운데 깊은 울림이 있었다. 마치 주님이 나에게 이야기하시는 것만 같았다. '내가 거하는 곳에 네가 함께 있어 주어서 고맙다. 내가 있는 곳에 네가 있어 주었으니 나도 네가 서야 할 그곳에 함께 있어 주겠다.' 녀석들과 함께 근처 24시간 카페에 가서 커피를 시킨 후 도란도란 이야기를 하다 보니 어느덧 해가 뜨고 있었다. 집에 돌아갈 시간이 된 것이다. 나는 돌아간다고 꾸벅 인사하는 녀석들을 가만히 보다가 주섬주섬 내 주머니에 있던 현금을 모두 꺼내 녀석들 손에 쥐어 주었다. 그러고는 "배고프면 이걸로 밥 사먹어. 너희들, 전도사가 준 돈으로 술, 담배 사면 지옥 가는 거 알지?" 하고 웃으며 이야기했다.

그런데 그때, 철없이 좋아할 줄만 알았던 녀석이 손에 들린 꾸깃꾸깃한 지폐 몇 장을 한참 바라보더니 고개를 돌려 나를 보면서 나지막이 이야기했다.

"쌤, 나도 쌤 같은 아빠 있었으면 이렇게 안 됐겠죠?"

몇 년이 지난 지금도 나는 그때 녀석의 그 떨리는 눈빛을 기억한다. 그 이후 녀석은 지은 모든 죄를 잘 감당하고 지금은 놀랍도록 잘 성장해서 안정된 삶을 꾸리고 있다.

거창한 이야기는 아니지만, 그때 나에게 편함이라는 이름으로 찾아왔던 이 유혹과 타협했다면 지금의 녀석은 어땠을까 생각해 본다. 타협이 원래 그렇다. 대부분의 타협은 거창하고 대단하게 오지 않는다. 어쩌면 우리 그리스도인들의 삶 가운데 일어난 이 신앙적 타협이라는 것 또한 마찬가지일 것이다. 결국은 '내가 편하기 위한 방편'인 것이다. 나의 이익, 나의 안정됨, 나의 편안함, 손해 보지 않을 수 있는 방법 등으로 세상은 늘 우리에게 도전한다. 그래서 사명자인 우리는 꼭 기억해야 한다. 사탄이 우리에게 하는 타협은 사명을 완수하지 못하도록 방해하는 것이 아니라, 사명 앞에 쉬운 길을 제시하는 것이다. 더 안전하고, 더 평안하고, 더 쉽게 가는 것을 보여 주며 그 길을 가도록 부추기는 것, 그래서 희생과 낮아짐을 기본으로 헌신해야 할 우리의 사명 그 자체를 타락시키는 것이다. 어쩌면 오늘날 교회에서 상당히 많이 선포되어지는 메시지인 '예수 믿으면 잘된다'라는 기복 신앙도 이러한 세속으로부터의 타협이 아닐까 생각해 본다.

세상은 사명을 가진 우리에게 타협을 시도한다. 그리고 유혹한다. 이 타협은 예수님도 물리치셔야만 했던 것이다.

"마귀가 또 예수를 이끌고 올라가서 순식간에 천하만국을 보이며 이르

되 이 모든 권위와 그 영광을 내가 네게 주리라 이것은 내게 넘겨 준 것
이므로 내가 원하는 자에게 주노라 그러므로 네가 만일 내게 절하면 다
네 것이 되리라 예수께서 대답하여 이르시되 기록된바 주 너의 하나님
께 경배하고 다만 그를 섬기라 하였느니라"(눅 4:5-8).

십자가를 지고 고통 받으며 온갖 고난과 비난, 조롱받을 필요
없이, 죽을 필요 없이 그냥 내게 절 한 번만 하라고 마귀는 예수님
에게 이야기한다. 바꿔 말하면, 구태여 어렵게 가려 하지 말고 내
게 절 한 번만 하라는 것이다. 그러면 내가 천하만국의 모든 권위
와 영광을 네게 주겠다고 이야기하는 것이다. 이는 모든 죄를 대
속해서 죽으셔야 했던 사명을 가리며 편한 길로 타협하게 만들어
결국은 목적 자체를 없애려는 간교한 수법이다.

무엇이 우리를 타협하게 하는가? 아닌 건 아닌 것이며, 해서 안
될 것은 안 해야 되는 것이고, 꼭 해야만 하는 것은 해야 하는 것
이다. 어중간하게 타협하면 이 모든 것을 빼앗긴다. 예수님은 사
탄의 유혹을 이렇게 물리치셨다.

"예수께서 대답하여 이르시되 기록된바 주 너의 하나님께 경배하고 다
만 그를 섬기라 하였느니라"(눅 4:8).

절 한 번만 하면 네가 십자가의 수치와 고통으로 얻어야 할 세상의 모든 권위와 그 영광을 그냥 준다는 타협 앞에, 예수님은 하나님 한 분만을 경배하고 섬겨야 한다고 이야기하신다. 예수 믿는 이들이 강인한 이유는 헛된 것에 마음을 빼앗기지 않기 때문이다. 해야 할 사명 앞에 타협하지 않고, 하지 않아야 할 것들에 마음 두지 않으며, 참주인 되신 분을 섬기는 삶, 이것이 우리가 살아내야 하는 삶이다.

포기라는 이름의 시험

양떼 커뮤니티의 초창기 시절부터 쭉 함께해 온 아들 녀석 중 싸움으로 굉장히 유명한 녀석이 있었다. 녀석은 또래의 위아래 아이들에게 이름만 말해도 다 알 정도로 유명했고, 본인이 사는 구에서 가장 싸움을 잘한다는 녀석이었다. 어린 나이부터 사고를 하도 많이 쳐서 이곳저곳 이사를 다닌 녀석인데, 녀석은 이사를 갈 때마다 그 지역을 장악했다고 한다. 편부모 가정에서 자라 가정 형편이 좋지 않았던 녀석은 집을 나와 친구들과 어울려 다니며 이런저런 문제를 일으켰는데, 그런 녀석이 힘들 때마다 찾던 곳이 내가 섬겼던 교회였다. 나는 녀석을 환대했고, 올 때마다 치킨, 라면, 짜장면 등을 먹이고 함께 놀며 속 깊은 이야기들을 많이 나누었다. 그러다 보니 아버지가 없던 녀석은 자기를 반겨 주는 곳은 교회밖에 없다며, 교회를 집이라 이야기하고 나를 아버지라 부르기 시작했다.

참 재미있는 것은, 그 아들 녀석이 교회에 오면 그렇게 난장판을 만들던 다른 녀석들이 경직 되어서 조용해진다는 것이다. 그런데 정작 나는 그 녀석을 볼 때 아무런 위압감을 느끼지 못했다. 녀석은 덩치가 그리 크지도 않았고, 얼굴도 흉악하게 생기지 않았다. 몸에 문신이 좀 있다는 거, 그리고 싸움박질을 많이 해서 몸에 자잘한 상처들이 좀 있다는 것을 빼면 이 녀석이 그렇게 싸움을 잘할 것 같지도 않았다. 오히려 녀석은 앳되면서 굉장히 잘생긴 미남이었다. 몸도 거대하지 않았고, 키도 남들보다 크지 않았다. 그냥 누가 봐도 좀 잘생긴 평범한 또래 아이 이상도 이하도 아니었다. 그러나 그 녀석이 지나가면 지역 내의 후배들은 무서워서 벌벌 떨었고, 동급의 친구들은 물론 위로 한두 살 선배들까지 녀석의 비위를 맞추느라 정신이 없었다. 나는 도대체 녀석이 싸움을 잘한다는 것이 이해가 되지 않았다. 저런 잘생긴 얼굴로, 또 그리 크지 않은 덩치로 어떻게 싸움을 잘하는 것일까? 어느 날 녀석에게 싸움을 잘하는 방법에 대해 물어본 기억이 있다.

"야, 아들. 솔직히 말하면 너 싸움 잘 못하게 생겼는데, 너 싸움

잘하니?"

그러자 녀석이 대답했다.

"주변 반응 보면 딱 사이즈 나오지 않습니까, 아버지?"

나는 그런 녀석에게 다시 되물었다.

"야, 그럼 싸움은 어떻게 하면 잘할 수 있어? 네가 이긴 녀석들 중에 솔직히 너보다 힘 센 녀석도 있을 수 있고, 덩치가 훨씬 큰 녀석들도 있을 수 있는데 어떻게 싸우기에 이기는 거야?"

그때 질문을 유심히 듣던 녀석은 아무것도 아니라는 듯 대답했다.

"근성이에요 근성. 싸움은 일단 누구랑 붙어도 포기하면 안 돼요. 무조건 포기 안 하고 계속 달려들면 돼요. 길거리 싸움은 어차피 어떻게든 맞아요. 근데 맞을 때도 눈 안 감고 잘 맞고, 한 대 맞으면 두 대 때려 주고, 제일 중요한 건, 맞는 것을 무서워하면 안 돼요. 싸우는 사람이 포기할 때까지 무조건 달려들면 어지간해선 다 이겨요."

나는 녀석이 잘 때리거나 잘 피하는 방법에 대해 말할 줄 알았다. 하지만 녀석이 말했던 싸움법은 잘 때리는 것이 아니라 잘 맞는 것이었고, 잘 피하는 것이 아니라 포기하지 않는 것이었다. 조금은 철없이 들릴지 모르지만, 나는 그때 아들 녀석의 대답이 마치 삶의 전쟁을 치르고 있는 우리에게 이야기하는 권면 같았다. 우리 삶에는 수없이 많은 전쟁들이 존재한다. 삶의 곳곳마다 싸워야 하는 감정, 마음, 생각, 여러 상황들로부터의 도전들 속에서 우리는 포기하지 않아야 할 것들은 너무 쉽게 포기하며, 포기해야 하는 것들은 너무 어렵게 붙잡고 있다. 아니, 어쩌면 꼭 해야만 하는 전쟁은 하지 않으려 하고, 안 해도 될 전쟁만 주야장천 해서 아파하고 힘들어하며 탈진해 있지는 않은지 생각해 보아야 한다.

분명한 것은, 사탄은 우리에게 맡겨진 사명을 포기하게 하려고 세속의 모든 유혹을 다 동반하며 십자가의 길에서 이탈하도록 수단과 방법을 가리지 않는다는 것이다.

> "또 이끌고 예루살렘으로 가서 성전 꼭대기에 세우고 이르되 네가 만일 하나님의 아들이어든 여기서 뛰어내리라 기록되었으되 하나님이 너를 위하여 그 사자들을 명하사 너를 지키게 하시리라 하였고 또한 그들이 손으로 너를 받들어 네 발이 돌에 부딪치지 않게 하시리라 하였느니라 예수께서 대답하여 이르시되 주 너의 하나님을 시험하지 말라 하였느니라"(눅 4:9-12).

누가복음에 등장한 예수님의 시험 중 세 번째는 성전 꼭대기에서의 시험이었다. 나는 본문을 묵상하면서 사탄이 왜 하필 예수님을 성전 꼭대기로 이끌고 갔을까를 생각해 보았다. 단순히 뛰어내리기 좋은 높은 곳이라면 대체할 곳들이 얼마든 많았을 것이다. 그러나 사탄은 예루살렘으로 가서 성전 꼭대기에 예수를 세웠다고 성경은 이야기한다. 사탄의 유혹은 분명한 의도와 목적이 있다. 나는 이 사건에 등장한 성전 꼭대기가 단지 장소적인 의미에 국한된다고 생각하지 않는다. 사탄이 예수님을 성전의 꼭대기로 이끌고 올라가 뛰어내리라는 도전을 준 이유는 분명 성전 꼭대기가 가지고 있는 상징성 때문일 것이다.

성전은 어떤 곳인가? 성전은 하나님에게 예배를 드리기 위해 따로 구별해서 지은 건물이다. 그러나 성경은 이 성전을 건물적인 의미로만 한정짓지 않고 보다 포괄적인 의미로 이야기한다. 성전은 하나님이 계신 보좌를 의미하기도 하고(사 6:1, 겔 43:5 참조), 율법이나 말씀을 교육할 장소를 의미하기도 한다(왕하 23:2, 렘 36:8 참조). 이 성전의 주인 되신 분은 하나님이시며, 구약 이후 성자 하나님이신 예수님이 십자가의 죽으심으로 말미암아 이 성전의 개념은 그리스도인의 공동체인 교회와 성도의 각 지체가 되었다(고전 3:16, 고후 6:16 참조). 그리고 놀라운 사실은, 예수 그리스도, 곧 주님이 모든 교회와 모든 그리스도인 공동체의 머리가 되신다는 것이다.

"그는 몸인 교회의 머리시라 그가 근본이시요 죽은 자들 가운데서 먼저 나신 이시니 이는 친히 만물의 으뜸이 되려 하심이요 아버지께서는 모든 충만으로 예수 안에 거하게 하시고 그의 십자가의 피로 화평을 이루

사 만물 곧 땅에 있는 것들이나 하늘에 있는 것들이 그로 말미암아 자기

와 화목하게 되기를 기뻐하심이라 "(골 1:18-20).

즉 사탄은 교회의 머리가 되실 것이며 이미 성전 꼭대기 자리
의 주인 되신 예수님을 성전 꼭대기로 이끌어 '네가 하나님의 아
들이면 뛰어내려라'라고 요구한 것이다. 더욱이 사탄의 속삭임은
참으로 교묘하다. '뛰어내려도 다치지 않고, 상함을 입지 않을 것'
이라고 이야기한다.

나는 사명을 포기하도록 이끄는 이 도전이 오늘날 많은 그리스
도인들에게도 존재한다고 확신한다. 내가 있어야만 하고 지켜야
만 하는 그 사명의 자리를 포기하고 뛰어내리도록 부추기는 음성
은 오늘날 '네가 꼭 그 사명 감당하지 않아도 돼, 그거 하지 않아
도 아무런 문제가 생기지 않을 거야', '포기해도 돼, 포기한대도
너는 어떠한 해를 입지 않을 거야'라는 음성으로 변해 우리의 삶
을 사명의 자리에서 멀어지게 한다.

어두운 술집 거리의 사역을 감당하면서 나 역시 스스로 지키려
고 발버둥 쳤던 것은 '내가 서 있어야 할 자리'였다. 그 자리를 빼
앗아가기 위해 사탄은 고되고 힘든 환경 속에서도 마음을 굳게
다잡았던 내게 은밀히 이야기했다. 포기해도 된다고. 이 달콤한
속삭임에 넘어가 하나님 앞에서 '내가 원하는 사역은 이게 아니

었다고, 내가 꿈꾸었던 삶은 이런 것이 아니라고' 몇 번이나 따졌는지 모른다. 그리고 실제로 너무도 고달프고 외로움 가득한 상황 속에서 나는 하나님에게 '다시는 이 짓거리 안 한다'고 고백한 적이 있었다. 돌이켜 보면 내 나름의 위기 청소년 사역에 대해 포기를 선포한 사건이었다.

위기 청소년 아이들이 많아지면서 섬기던 교회 안에서 여러 문제가 발생했었다. 여러 가지 사건들로 인해 교회를 사임하게 된 나는 아내와 세 아이를 본가에 보내고 홀로 고시원 생활을 감당해야 했다. 누우면 발을 다 뻗지 못할 만큼 작은 약 2평 남짓한 방, 창문도 없고 환기도 되지 않던 그 쾨쾨한 고시원 방에서 나는 3년 정도를 살며 유흥가, 소년원 마다하지 않고 녀석들에게 복음을 전했다. 돌이켜 생각해 보면 그때가 나의 삶에서 가장 서럽고 아픈 시간들이었다. 처절하리만큼 쥐어짜도 없는 재정에 섬겨야 하는 아이들은 너무 많고, 늘 나를 부르는 곳은 경찰서, 새벽 술집 거리, 소년원, 법원…. 아이들과 예배하려고 이곳저곳 교회들마다 문을 두드려도 좀처럼 열어 주지 않아 다 포기하고 도망가고 싶었던 나 자신과 그럼에도 예배하겠다고 모여드는 아이들 때문에 무너지고 또 울며불며 기도했던 그 순간들…. 녀석들이 쳐 대는 사고 덕에 나는 하루에 두세 번씩 경찰서를 가야 했고, 때마침 홀로 본가에서 세 아이를 돌보던 아내의 어려움과 저혈당 쇼크로 쓰러지셔서 뇌출혈로 고생하시는 아버지를 뵈면서 나는 할 수 있는 것이 없어 참고 기도만 하던 시절…. 이것이 당시 나에게 닥친 상황들이었다.

그 시절, 다 포기하고 싶던 나에게 하나님은 한 사건을 허락하셨다. 나는 그날 오후 특수 폭행 및 과실치사 등 여러 사건에 의해 재판이 잡혀 있는 녀석의 보호자로 가정 법원을 찾았다. 부모님 없이 할머니 밑에서 자라 아픔이 참 많은 녀석이었다. 사랑 받지 못하고 자란 그 아픔이 녀석의 자존감을 짓밟았고, 그런 녀석은 스스로를 지키기 위해 어린 나이부터 일부러 공격적인 언행과 모습들을 보였었다. 새벽에 고기를 먹이는 자리에서 만난 녀석은 자기에게 밥을 사 준 어른은 내가 처음이라며 그렇게 나를 따르기 시작했고, 본인의 친구들을 하나둘씩 소개시켜 주어 그 지역의 제법 많은 인원을 모이게 했다. 인원이 제법 모이면 우리는 새벽 현장에서만 아이들을 만나는 것이 아니라 주 중에 요일을 하루 정해서 녀석들의 무리와 예배를 드렸었는데, 재판이 있던 그 주간 금요일이 딱 녀석들과 처음으로 예배를 드리기로 한 날이었다. 그런데 하필 친구들을 전부 챙기고 끌고 와야 할 녀석이 나를 만나기 전 저지른 사건 때문에 재판을 받게 된 것이다. 지금이야 아는 사람들도 많고 방법들도 제법 알지만, 그때 당시의 나는 정말 할 수 있는 것이 없었다. 누구에게 물어볼 사람도, 알고 있는 방법도 없으니 안타까운 마음만 가지고 기도밖에 할 수 없었다.

"하나님, 이 녀석 없으면 저희 예배를 시작할 수 없습니다. 녀석이 그 무리의 리더로서 아이들을 다 챙기는 거 아시지 않습니까? 이제야 조금씩 변화가 보이는데 하필 여기에서 이렇게 문제가 생기면 어떻게 합니까? 제발 다시 나오게 해 주세요."

그렇게 재판 당일 아침, 가정 법원으로 가면서도 기도했다. 그리고 녀석의 재판 시간이 되었다. 나는 판사님에게 녀석의 사정도 이야기하고 잘못했다고 빌어도 보며 다시는 안 그러도록 잘 챙기겠다고 이야기했다. 하지만 녀석이 저질러 놓은 사건들이 많았고, 또 위험했던지라 그 자리에서 소년보호처분 10호를 받고 녀석은 들어가 버렸다. 너무 안타깝고 어찌할 줄 모르겠어서 보고만 있는 내게 끌려 나가는 녀석이 뒤돌아보며 도리어 나를 위로한다.

"전도사님, 2년 금방이니까 걱정하지 말고, 몸 잘 챙기고 있어요."

나를 위로하며 나가는 녀석과 마음 아파서 한마디도 못하는 나. 재판정에 들어갈 때는 둘이었는데 혼자가 되어 나오니 마음이 그렇게 무너질 수 없었다. 헛헛한 마음으로 어디 교회라도 들어가 기도라도 해야겠다 싶어 근처 교회로 걸어가는데 전화벨이 울렸다.

"여보세요?"

"어, 쌤, 전데요. 여기 지구대인데, 죄송하지만 좀 와 주실 수 있으세요?"

"무슨 일이야? 넌 또 왜 지구대에 있어?"

"아, 쌤. 진짜 죄송해요. 배달 일하다가 시비가 붙었는데, 큰 건 아닌데 어떻게 하다 보니 몸싸움이 일어나서요. 아시잖아요, 저한 테 와 주실 분이 전도사님밖에 없는 거…."

그렇게 아픈 마음을 추스를 시간도 없이 나를 부르는 지구대로 급히 가게 되었고, 그곳에서도 나는 이 사람 저 사람에게 빌며 중 재를 하게 되었다. 녀석은 녀석대로 억울하고, 또 상대방은 상대 방대로 억울하고, 누군가는 달래 줄 사람이 필요했던 것 같았다. 다행히 지구대는 서로 합의만 보면 큰 문제없이 나갈 수 있는 곳 이었다. 몇 시간 동안 달랜 끝에 녀석과 상대방은 얼추 합의를 보 게 되었고, 나는 녀석을 그냥 보낼 수 없어 함께 저녁까지 먹게 되 었다.

그렇게 녀석과 헤어지고 나니 어느덧 해가 진 후였다. 심신이 지쳐서 이제 고시원에 들어가 좀 쉬려고 발걸음을 옮기는데 또다 시 전화벨이 울렸다.

"여보세요?"

"네, 이요셉 씨 되십니까? 여기 경찰서 강력반입니다. △△ 아시 죠? △△가 지금 특수 절도죄로 잡혀 왔는데 부모 중 아무도 연락 되는 데가 없고, △△가 이요셉 씨 이야기를 합니다."

그렇게 나는 지친 마음과 몸을 이끌고 또다시 경찰서까지 가게 되었다. 죄를 지었다지만 사실 너무 짠하고 아픈 녀석이었다. 집을 나가 돌아오지 않는 어머니와 일을 하러 간다고 몇 개월씩 집에 들어오지 않는 아버지 밑에서 자란 녀석은 살기 위해 절도를 하는, 이른바 생계형 절도가 많은 녀석이었기 때문이다. 터벅터벅 녀석이 있는 경찰서로 향하긴 했지만, 내 속에서 올라오는 쓰디쓴 마음은 견딜 수가 없었다. 불만 가득한 걸음으로 도착한 경찰서, 그곳에서 형사님들과 실랑이를 벌이는 녀석을 보게 되었다. 수사를 진행할 때마다 건들거리고 비아냥거려 형사님들을 힘들게 했다던 녀석은 나를 보자마자 죄송하다며 연신 사과를 했다. 나는 녀석을 힐끔 보며 녀석의 사과를 듣는 둥 마는 둥 형사님에게 죄송하다고 연신 고개를 숙였다.

사건이 지구대에서 경찰서로 넘어가면 내가 아무리 빌고 빌어도 사건이 해결되지 않는다. 나는 녀석의 법적 보호자가 아니라서 실상 내가 해 줄 수 있는 역할은 그다지 많지 않기 때문이다. 하지만 내가 경찰서에서 녀석들을 위해 비는 이유가 있다. 녀석들 주위에 녀석들을 보호하는 어른이 있다는 것을 보여 주기 위해서다. 실제로 많은 형사님들이 수사를 할 때 적잖게 참고하는 부분 중 하나가 이것이다.

녀석이 수사를 받는 과정을 지켜보며, 기다리면서, 또 형사님들께 죄송하다고 사죄하며 그렇게 시간이 흘렀다. 모든 수사를 마친 후 경찰서에서 나오니 어느덧 해가 떠 있었다. 정신적, 육체적으로 너무 많은 일들이 있었던 하루, 피곤에 찌들어 고시원으로 돌아가는 그 거리가 당시에는 그렇게 서러울 수가 없었다. 더욱이 아무 잘못한 것도 없는 내가 하루 종일 사과하고 빌어야 했다는 것 자체가 정말이지 너무 억울하게 느껴졌다. 진짜 잘못한 녀석들은 그렇게 떳떳한데, 왜 아무 죄도 짓지 않은 내가 그렇게 빌어야 하는가? 하루 동안 법원, 지구대, 경찰서를 돌면서 빌고만 왔던 내가 너무 불쌍하고 한심해 보여 펑펑 울면서 하나님에게 따지듯 이야기했다.

"주님, 듣고 계시죠? 저 이제 이 짓거리 다시는 안 합니다. 진짜 너무 서럽고 억울합니다. 정작 죄지은 녀석들은 저렇게 떳떳하고 당당한데, 왜 아무 죄도 없는 내가 이렇게 빌고 또 빌어야 합니까? 나도 이거 다 때려치우고 본가로 들어가면 사랑받고 편안하게 사역할 수 있는 거 아시잖아요. 저 이제 이거 못하겠습니다. 다시는 안 할 겁니다."

눈물을 닦으며 마음을 독하게 먹고 본가로 내려갈 생각을 하는 순간 하나님이 마음 가운데 깊은 깨달음을 주셨다. 그 깨달음은 마치 마음속에 은은하게 울려 퍼지는 하나님의 음성 같았다.

"요셉아, 네가 죄인 되어서 떳떳할 때 의인인 내가 너를 위해 눈물로 중보했단다. 떳떳한 죄인이었던 너를 위해서 의로운 내가 수

치와 조롱의 십자가를 짊어졌단다."

그 음성이 나를 너무 부끄럽게 했다. 주님이 나를 포기하지 않으시는 이상 나 역시 내게 맡겨진 이 길을 포기할 수 없었다. 애초에 내가 하나님 앞에 무엇인가를 하고 있다는 것이 먼저가 아니었다. 하나님이 하나밖에 없는 독생자 아들을 나를 위해 죽이신 그 사실이 먼저였던 것이다.

"예수께서 대답하여 이르시되 주 너의 하나님을 시험하지 말라 하였느니라"(눅 4:12).

사명자인 우리를 넘어지게 하는 시험들은 오늘날에도 분명히 존재한다. 그 가운데서 우리에게 맡겨진 그 사명의 자리를 우리는 어떻게 지켜 낼 수 있는가? 완전하신 하나님의 뜻과 섭리를 지금 당장의 모습으로 헤아리거나 이해하려 하지 말고 온전히 믿고 나아갈 때, 이해로 나아가는 것이 아니라 믿음으로 나아갈 때 우리는 사명의 자리를 여전하게 지켜 낼 수 있을 것이다.

하나님은 사역을 앞둔 예수님에게 왜 사탄의 시험을 허락하셨을까? 또한 사명자의 길을 걷는 우리에게는 왜 여전히 그때의 시험이 존재하는가? 나는 고백한다. 순간마다 도전하는 사탄의 시험을 통해서 예수님의 구원 사역은 더 단단하고 확고해졌으며, 더욱 큰 결단이 있었을 것이다. 꼭 십자가를 짊어져야 한다는 더욱 굳건한 마음이 생기셨을 것이다. 마찬가지다. 우리는 사탄이 주는 여러 시험을 통해 도리어 우리가 감당해야 할 사명에 대한 구체적이고 뚜렷한 비전을 품을 수 있게 될 것이다. 우리를 통해 이루실 하나님의 계획을 더 확고하게 붙잡을 수 있을 것이다. 우리를 통해 이루실 하나님 나라를 바라보며, 여전히 우리와 함께 일하시는 그분의 최선을 바라보며 포기하지 않기를 소망한다.

복음방 사역 일지

- 2015년 8월 9일 -

아이들을 만나고 오는 길에 한 통의 전화가 걸려왔다. 그 전화를 받자마자 세상이 노랗게 변하기 시작했다. 사랑하는 한 아들 녀석이 오토바이 사고를 당해 심각한 상태라는 것이다. 이후의 일정을 다 취소하고 달려간 녀석의 병원. 녀석은 중환자실에서 코에 호스를 꽂고 양팔과 목과 다리에 깁스를 한 채 누워 있었다. 여기저기 보이는 시퍼런 멍과 함께 내가 왔는데도 일어나지 못하고 말도 더듬으며 움직이지 못하는 녀석을 보니, 애꿎게도 세상에 있는 오토바이를 전부 다 없애 버리고 싶어진다. 녀석을 보고 있자니 마음이 정말 찢어질 듯 아프다.

녀석은 그 동네에서 후배 녀석들에게 두려움과 무서움의 대상이었다. 전신에 있는 문신은 둘째치더라도 녀석은 힘도 무척 세고 잔병치레조차 없던 그렇게도 강인한 녀석이었다. 그런 녀석이 말도 더듬고, 목뼈도, 두개골도, 팔도, 다리도 전부 망가져서 움직이지를 못한 채 힘들어하니, 심히 마음이 아프다.

혼수상태에서 깨어난 것은 참 다행이나 앞으로 어떻게 회복되느냐가 문제라고 한다. 녀석은 나를 보더니 눈짓으로 인사하고는 그 힘든 몸으로 더듬으며 말한다. 발음이 불분명해서 다 들을 수는 없었지만, 녀석의 말은 "바쁘신데 여긴 어떻게 오셨어요?"였다. 그렇게 만신창이가 된 상태에서도 나를 의식하는 녀석의 말이 나를 더 아프게 한다. 할 수 있는 것이 하나도 없었다. 그래서 아픈 마음 다잡고 녀석에게 말했다.

"기도 한번 해 줘도 돼?"

녀석은 고개를 끄덕였다. 아픈 마음으로 기도를 마친 후 녀석에게 이야기했다.

"너, 하나님이 살리셨다. 네 목숨 이제 하나님 거야."

녀석이 알아들었는지 나를 보며 고개를 까딱 움직인다.

언젠가 녀석들에게 그 위험한 바이크를 왜 타냐고 물은 적이 있다. 녀석들의 대답이 가관이었다.

"위험하잖아요. 위험해서 타는 거예요. 어차피 우리는 인생 자체가 위험하게 태어났어요."

가정이라는 안전장치가 있는 일반적인 아이들과는 달리 태어나면서부터 안전장치라고는 자신밖에 없는 그런 녀석들이었다.

모든 것에는 안전장치가 있어야 한다. 그것은 녀석들의 삶에도 마찬가지다. 나의 최선의 노력들이 녀석들에게는 최소한의 안전장치라도 되어주길 간절히 소망하는 밤이다.

9. 걸을 수 있는 이유

영혼에는 귀천이 있을 수 없고, 차별이 있을 수 없다.

누구에게라도 예수님을 보여 주며 그분을 전해야 한다.

예수 그리스도의 십자가의 구속하심을 이길 수 있는 죄란

결코 존재하지 않는다.

죄로부터의 정죄는 누구나 할 수 있다.

비판은 예수를 믿지 않아도 충분히 할 수 있는 것이기 때문이다.

그러나 그러한 자들을 사랑하며 예수 그리스도를 소개하는 것은

예수를 믿지 않으면 도저히 할 수 없는 행동이다.

사역을 감당하며 '양떼 커뮤니티의 목표'는 무엇이냐는 질문을 자주 받는다. 나는 그때마다 "양떼 커뮤니티는 없어짐을 위해 존재합니다"라고 이야기한다. 단순히 인간적인 마음으로 힘들고 고된 사역이니 그만하고 싶다는 말은 결코 아니다. 내가 그렇게 고백한 이유는, 우리는 부흥해서는 안 되는 단체라는 명확한 인식 때문이었다. 소년원이나 교도소가 부흥되어서는 안 되듯, 불법 도박장이나 성매매 업소가 부흥되어서는 안 되듯 엄밀하게 살펴보면 우리 역시 마찬가지였다.

양떼 커뮤니티는 분명 없어짐을 위해 존재하지만, 여전히 현시대 안에서 만나야 할 아이들과 찾아오는 아이들은 늘어만 가고 있다. 물론 우리 양떼 커뮤니티를 찾아오는 녀석들 하나하나에게 감사하다. 그러나 또 한편으로는 이러한 현상이 내겐 참 아픈 마음으로 다가온다. 그래서 나는 우리의 정체성을 기약 없는 목표로 삼아 왔다. '섬겨야 할 위기 청소년들의 없어짐', '교회가 위기 청소년들을 전부 품어 더 이상 품을 아이들이 없어짐', 그로 인한 '양떼 커뮤니티의 없어짐.' 그렇다. 우리는 우리의 목표를 없어짐이라 고백하며 사역해 왔다.

그러나 이런 우리의 목표와는 다르게, 외부에서 열리는 집회에 강사로 나갈 때면 나는 꽤 많은 사람들에게 이 사역의 적임자라는 소리를 듣는다. 그러면서 어떻게 그러한 삶을 살 수 있느냐며 귀하다는 위로나 혹은 대단하다는 칭찬을 많이 듣는다. 개인적으로는 감사하고, 괜히 쑥스러워진다. 하지만 그러한 칭찬들이 때로는 표면적으로 받아들여지지 않을 때가 있다. 칭찬하는 이의 내면을 살펴보면, '이는 특별한 사람만이 살 수 있는 삶' 내지는 '특별한 은사를 받은 사람만 할 수 있는 일'이라는 이름으로 굴레를 만든다는 것을 알고 있기 때문이다. 그리고 귀하고 값지다는 평가 하나로 정작 본인이 짊어져야 하는 사명에 대해서는 '나는 저런 은사가 없어서', 혹은 '나는 너무 부족해서'라고 말하며 스스로의 삶에서는 한 영혼을 위한 희생이나 헌신의 길목 앞에 책임을 다하지 않는 모습을 심심치 않게 지켜본다.

언젠가 어떤 곳에 강사로 간 적이 있었다. 그때의 주제가 '많아지는 위기 청소년들을 어떻게 품을 수 있을 것인가?'에 대한 내용이었다. 두 시간가량 위기 청소년들을 어떻게 품어야 하는지에 대해 강의하고 약 30분 정도 질문을 받았는데, 한 자매가 이런 이야기를 했다.

"목사님, 그건 목사님만 하실 수 있는 거잖아요. 저는 일단 몸에 문신 있는 친구들을 보기만 해도 무섭고 두려워져요. 목사님은 그런 친구들을 봐도 두렵지 않으시잖아요. 그것은 목사님만 하실 수 있는 은사 아닌가요?"

그 질문에 나는 한참을 고민하게 되었다. 나는 정말 어떤 새로운 녀석들을 만나도 두렵거나 무섭지 않았다. 아니, 도리어 여러 상황에서 그 반대일 경우가 상당히 많았다. 그렇다면 나의 풍기는 뉘앙스와 남성적인 모습, 눈에 보이는 이미지들이 이러한 사역의 은사인가? 결코 그렇지 않다고 확신한다. 나 역시 처음 길거리에서 녀석들을 만났을 때, 비록 두려움은 일어나지 않았지만 그 대신 분노라는 또 다른 어두움이 먼저 일어났기 때문이다. 부끄러운 이야기지만, 나는 지금까지도 녀석들을 만나 여러 해결해 주지 못할 사건과 마주할 때면 무기력한 나를 보며 그 가운데 포기하고 싶은 마음이 먼저 든다. 그런데 어떻게 버티면서 이 사명을 감당할 수 있었을까? 나는 녀석들을 만나면서 힘들고 당황스럽고 어려울 때마다 하나님의 마음을 깨닫기 위해 노력했다. 하나님의 시선은 어떠한가? 하나님은 어떤 마음을 품으셨는가? 나의 시선에서는 이 사건이 절망이지만, 하나님은 어떻게 평가하시는가? 내가 바라보는 이 녀석은 이렇게 답이 없는데 과연 하나님은 어떻게 보실까? 이러한 것들을 깨닫기 위해서 부단히 노력했다. 그리고 신기하게도 그때부터 안 보이던 것들이 보이기 시작했고, 품을 수 있는 새로운 마음이 생기게 되었다. 실제로 놀랍도록 이 마음들이, 그리고 이 시선들이 지칠 때마다 나를 일어서게 하는 동기가 되어 주었다.

수차례 강조하고 이야기했듯이, 예수님의 길을 가고 있는 우리 사명자들의 삶은 화려하고 행복할 때보다는 아프고 어려울 때가 더 많다. 그렇다면 우리는 어떻게 해야 이 길을 포기하지 않고 끝까지 걸을 수 있을까? 결론은, 우리가 하나님의 마음을 더 깊이 깨닫는 것이다. 갓 태어난 자녀는 할 줄 아는 것이 부모를 귀찮게 하는 일들뿐이지만 존재 자체만으로 어여쁨과 사랑을 받는다. 그러나 자녀가 자라서 나이가 들수록 부모로부터 요구되는 덕목이 있다. 바로 효(孝)다. 그리고 이 효를 이루는 데 있어 가장 중요한 것은 바로 부모의 마음을 깨닫는 것이다. 나는 신앙 또한 마찬가지라 생각한다. 하나님을 이제 막 만나기 시작해서 하나님과 교제한 이들에게 요구되는 수준과 하나님과 깊은 교제를 나누며 더 깊은 신앙의 성숙을 이루는 이들에게 요구되는 수준은 분명 다를 것이다. 그 기점에는 하나님의 마음을 깊게 깨닫는 것, 내 시선으로 바라보는 것이 아니라 하나님의 시선으로 세대를, 영혼을, 각 대상을 바라보는 것, 어쩌면 그것이 하나님을 아버지라 부르는 우리의 자녀 됨의 직무가 아닐까 생각한다.

이 세대를 향한, 그리고 우리가 타락했다고 정죄하는 이 세상을 향한, 그리고 모든 부류의 비그리스도인들과 비판적 시선으로 바라보는 소외된 자들을 향한 하나님의 마음은 무엇일까? 현장에 머물며 깊이 느낀 첫 번째 마음은 긍휼함과 애통함이었다.

긍휼함과 애통함

일곱 살인 우리 막내아들 녀석이 나에게 "아빠, 누나들이 더 좋아, 내가 더 좋아?"라고 물어본 적이 있다. 그럴 때마다 우리가 흔하게 이야기하는 비유가 있다. "열 손가락 깨물어 안 아픈 손가락은 없다"라는 비유다. 이것은 내가 어릴 적 나의 부모님에게도 들었던 비유였으며, 내가 나의 자녀들에게도 동일하게 이야기하는 비유다. 맞는 말이다. 열 손가락 깨물어 안 아픈 손가락은 없다. 하지만 사명을 감당하며 새롭게 깨달은 사실은, '더 아픈 손가락이 존재한다'는 것이다. 그 더 아픈 손가락은 다친 손가락, 혹은 약한 손가락이었다. 다친 손가락은 자연히 다른 손가락들과 동일하게 물렸을 때 더 아플 수밖에 없다. 세 아이의 아비가 되어 보니 그 마음이 더 잘 이해된다. 세 아이 모두를 사랑하고 아끼지만, 누구 하나가 아플 때는 모든 신경과 관심이 아픈 자녀에게로 향한다. 이는 대부분의 부모들 또한 마찬가지일 것이다.

나는 하나님의 마음 또한 이와 같으시리라 확신한다. 나에게 있어서 양떼 아이들은 하나님에게 있어서 아픈 손가락이었다. 가정에서 버림받고 학교에서도 쫓겨나 길거리를 거닐며 십 대 초중반의 나이로 성매매를 하는 등 온갖 죄와 사건의 중심 가운데 있는 녀석들, 본인을 낳아 준 부모로부터도 버림을 받아 아무도 돌봐주는 이 없는 녀석들을 아프다고 잘라내 버려서는 안 되는 것이다. 그럼에도 현장에서 사역을 하다 보면 깊은 회의감이 들 때가 한 번씩 있다. 열심히 가르치고 함께 예배하며 조금씩 좋아지는 모습을 보이던 녀석이 미약한 사건 하나에 영락없이 무너져서 다시 제자리로 돌아가 버릴 때, 그때가 사역 가운데 가장 큰 회의감이 몰려올 때였다. 특별히 변화의 과정이 크고 빨라 기대를 한 몸에 받던 녀석들의 무너짐은 나로 하여금 더 큰 회의감을 갖게 한다.

딸들 중에 그런 녀석이 하나 있었다. 최선을 다해 양육하고 목양했건만 조금 좋아진다 싶으면 다시 돌아가기를 반복해서 여전히 성매매를 하는 아이…. 이런 녀석에게 지쳐서 이제 포기하려고 만나 주지도 않았던 찰나, 하나님은 내게 당신의 마음을 깊게 깨닫게 하시는 사건을 허락하셨다.

부슬비가 내리던 어느 늦은 저녁에 성매매를 하며 많은 아픔을 가진 두 딸을 만나기로 했다. 이들은 남들보다 더 많은 사랑을 주며 만날 때마다 최선을 다해 목양했던 녀석들이었다. 그러나 받은 도전과 위로에도 불구하고 삶에는 티끌만 한 변화도 없었고, 변하려는 의지 자체도 없었다. 몇 년간 퍼 주었음에도 전혀 변하지 않는 모습을 너무 많이 봐 왔기에 그 두 녀석들에게 나는 이미 회의감이 가득 차 있었다. 그래서 만나자는 녀석들의 약속을 미루고 미루다가 오늘 안 보면 평생 인연을 끊겠다는 말에 녀석들을 만나러 억지로 나가게 된 것이었다.

아무 생각 없이 약속 장소인 갈비집에 도착해서 먼저 기다리는 녀석들을 만났는데, 녀석들의 얼굴이 말이 아니었다. 녀석들은 나를 못 만났던 근 4-5개월의 시간 동안 많은 일들이 있었다고 한다. 한 녀석은 오토바이 사고로 광대뼈와 턱이 함몰되어 큰 수술을 했고, 다른 한 녀석은 남자 친구에게 엄청난 폭행을 당해서 몸도 마음도 만신창이가 되었다고 한다. 나는 아픈 마음을 외면하려 고기를 구우며 시답잖은 이야기들을 시작했고, 녀석들 또한 만나지 못했을 때 있었던 이야기들을 재잘거렸다. 그런데 고기를 먹이면서 한 가지 걸리는 것이 있었다. 녀석들이 유독 담배를 많이 피우는 것이었다. 물론 내가 만나는 아이들은 모두 담배를 피운다. 하지만 녀석들은 유독 심했다. 10-15분 간격으로 서로 번갈아가며 담배를 피우고 오는 것이었다. 불과 몇 개월 전까지만 해도 이렇게 많이 피우질 않았는데 말이다. 녀석들의 몸이 걱정되어 말했다.

"딸들아, 담배 좀 끊어라. 귀한 몸 다 망가질라."

그러자 한 녀석이 이렇게 말했다.

"아빠, 나는 폐암 걸려서 빨리 죽어 버리는 게 꿈이야."

그러자 옆에 있던 다른 녀석이 그 말에 동조한다.

"나는 간암에 걸려서 애 죽을 때 같이 죽는 거."

그 말을 들은 나는 화도 나고 마음도 먹먹해서 녀석들에게 소리치듯이 이야기했다.

"야, 너희들 나보다 빨리 죽으면 나한테 진짜 죽을 줄 알아."

그때 한 녀석이 나에게 담배 한 개비를 보여 주며 또 이야기했다.

"그나마 아빠 보면서 담배 좀 줄이려고 했는데, 아빠 못 만나니까 우리 친구가 누가 있겠어? 이게 제일 친한 친구지."

녀석의 말이 마음 한 곳을 도려낸 듯 저릿저릿해졌다. 고기를 다 먹고 난 후 자리에서 일어났다. 그리고 바쁘다며 가야 한다는 녀석들의 말에 택시를 잡아 주려고 나가는데 갑자기 소나기가 엄청나게 쏟아졌다. 우산이 없는 우리는 식당 난간에 서서 비가 좀 멈출 때까지 기다릴 수밖에 없었다. 비를 피하며 두런두런 이야기를 하다가 나는 또 걱정스러운 마음들을 쏟아 냈다.

"이제 집에 좀 들어가자, 딸들아. 엉뚱한 짓 좀 하지 말고. 집에 간 지 오래됐으니까 어지간하면 집에 좀 들어가라, 응?"

그때 녀석들이 또 내 마음을 송곳으로 찌른다.

"아빠, 나 이제 몸 팔러 갈 시간이야."

다른 녀석도 욕을 섞어 가며 이야기한다.

"응, 우리는 이제 생계를 위해 몸을 한 번 굴려 줘야 해."

절대 안 된다고 이야기해도 말을 듣지 않는 녀석들에게 나는 반포기 상태로 이야기했다.

"후…. 진짜 이것들아, 너희 나이 열여덟이다. 제발 좀…. 귀한 딸들아, 너희가 얼마나 귀한지 좀 알자, 응?"

체념한 듯 이야기하는 나의 말에 녀석들은 피식 미소를 지었다. 그런데 그냥 넘길 수 있었던 녀석들의 그 미소 속에서 나는 너무나도 짙은 어둠과 슬픔, 절망을 느낄 수 있었다. 그 모습을 보니 마음을 넘어서 이제는 영혼이 아리기 시작한다. 나이 열여덟에 세상을 다 알아서 이제는 세상이 재미없다는 녀석들이었다. 십 대 중반 시절부터 세상에 있는 자극들을 이미 다 맛보았기에 공허함과 무기력 속에서 실제로 약 먹고 자살 시도도 해 보고, 입에서는 습관적으로 늘 '자살하고 싶다', '죽고 싶다'가 나오는 녀석들이었다. 그러면서 불현듯 한 마음이 품어지기 시작했다. '어쩌면 녀석들은 변하지 않는 것이 아니라, 변할 힘조차도 없는 게 아닐까?' '녀석들의 지금의 평가는 세상의 시선일 뿐, 하나님의 시선으로는 천하 모든 만물보다 귀하지 않을까?' 놀랍게도 이 하나님의 마음이 녀석들을 향한 나의 무기력과 회의감을 깨뜨리는 동기가 되었다. 나는 비가 쏟아지는 그곳에서 녀석들에게 이야기했다.

"야, 나 언젠가 너희들 끌고 교회 갈 거다."

녀석들은 뜬금없는 내 이야기에 황당하다는 듯 반응했다.

"웃기시네. 할 수 있으면 한번 해 봐, 아빠."

"누가 전도사 아니랄까 봐 우릴 전도하냐?"

나는 녀석들에게 빙그레 웃으며 다시 이야기했다.

"두고 봐. 아빠는 한다면 한다. 아빠가 목사 되면 아빠 딸들은 당연히 교회 죽순이가 돼야 하는 거야. 나는 너희가 예수에 미쳐 살도록 만들 거야."

"와, 진짜 극혐. 진짜 토 나온다."

나를 놀리며 서로 어이없어 웃는 녀석들의 모습을 보며 마음속으로 더 다짐하게 된 것이 있었다. 무슨 일이 있어도 이 아이들이 예수님 만날 때까지 끝까지 같이 버텨 주겠다는 다짐, 혹시 녀석들이 예수님이 누군지 몰라 못 찾고 있으면 내가 그 자리에서 예수님의 옷자락이라도 떼어 와 보여 줄 것이고, 녀석들이 예수님에게 가는 길이 어딘지 몰라 헤매면 내가 그들을 들쳐 업고서라도 예수님에게 가겠다고, 이제는 아파서 일어날 힘도 없는 녀석들에게 더는 일어나라고 소리치지 않겠다는 다짐을 말이다.

강렬하게 임하시는 하나님의 마음을 깨닫게 될 때 어떤 사명이든, 어떤 사역이든 일어나 감당할 힘이 생길 수 있음을 깨달았다. 그리고 하나님의 마음은 한 영혼과 한 생명에 대한 긍휼함과 애통함이라는 것을 더불어 깨닫게 되었다. 이 시대가 참 안타까운 것은 긍휼함과 애통함이 사라져 버렸다는 것이다. 안정적이고 비교적 평안한 삶 속에서 이전의 눈물과 긍휼이 넘쳐나는 신앙의 선배 세대의 본이 사라져 버렸다. 나는 먼저 믿은 우리 그리스도인들이 세상 속에서 아픔을 가지고 살아가는 이 세대 가운데 애통함과 긍휼함을 가지고 타인의 약함에 집중하기를 소망한다.

"약한 자로 보느냐, 악한 자로 보느냐?" 이 한 끝의 시선 차이에서 복음 선포가 이루어지기도 하고, 정죄가 이루어지기도 한다. 내가 볼 때 녀석들은 약한 자였다. 연약하고 다치고 아프고 힘들어하는 녀석들이었다. 다쳐서 아파하는 이들에게 왜 다쳤냐고 혼내기 이전에, 아픈 부분을 감싸 안아 주며 치료해 주는 것이 우선이다. 영혼에는 귀천이 있을 수 없고, 차별이 있을 수 없다. 누구에게라도 예수님을 보여 주며 그분을 전해야 한다. 예수 그리스도의 십자가의 구속하심을 이길 수 있는 죄란 결코 존재하지 않는다. 죄로부터의 정죄는 누구나 할 수 있다. 비판은 예수를 믿지 않아도 충분히 할 수 있는 것이기 때문이다. 그러나 그러한 자들을 사랑하며 예수 그리스도를 소개하는 것은 예수를 믿지 않으면 도저히 할 수 없는 행동이다.

한국 교회에서 자주 사용하는 "죄가 많은 곳에 은혜가 많다"라는 속담이 있다. 어쩌면 우리 그리스도인들은 '죄가 많은 곳'이라는 정죄에서 끝나지 않고, 그 죄 많은 곳을 바라보면서도 '은혜가 많음'을 이야기할 수 있어야 하는 존재가 아닐까?

> "이러므로 내가 네게 말하노니 그의 많은 죄가 사하여졌도다 이는 그의 사랑함이 많음이라 사함을 받은 일이 적은 자는 적게 사랑하느니라"
> (눅 7:47).

그리스도의 사랑으로 말미암아 수없이 많은 죄를 사함 받은 우리는 이제 하나님의 그 긍휼함과 애통한 마음을 품고 세대를, 영혼을 그리고 주위의 이웃을 바라볼 차례다.

소망

길거리에서 술과 죄 그리고 상처로 범벅되어 있는 녀석들에게 복음을 전하며 목양을 할 때, 나에게 있어 가장 큰 버팀목은 사명감이었다. '내게 맡기신 영혼', '내가 이끌어야 할 하나님의 자녀', '해야 하고 감당해야 하는 사명' 등 이러한 종류의 사명감들은 나로 하여금 절망적인 형편에서도 포기하지 않고 감당할 수 있는 이유가 되어 주었다. 이런 사명감을 통해서 나아가야 할 목적과 버틸 수 있는 이유를 찾는 이들이 비단 나만은 아닐 것이다. 누군가를 마음에 품고 복음을 전하며 사명을 감당하는 이들의 계기를 관찰해 보면 마찬가지로 대부분 이 사명감에서 출발한다. 그러나 현장에서 사명을 감당하며 여러 아픔에 종착했던 나는 확신할 수 있다. 사명감이란 시작하는 계기가 될 수는 있어도 지속적으로 이끌어 주는 동기가 되지는 못한다고 말이다. 그 이유는, 사명감만으로 걷는 사명의 길에서는 지치고 낙담하는 한계점이 분명히 존재하기 때문이다.

그러면 우리가 걸어야 하는, 그리고 걷고 있는 이 사명의 걸음 앞에 무엇이 이 길을 기쁨과 감사로 그리고 행복함으로 다가오게 하는가? 확신하건대, 그것은 소망이다. 그간 위기 청소년 사역을 감당해 오면서 참 많고 다양한 아이들을 만났다. 때로는 위험하기도 하고, 돌이켜 보면 재미있는 사건들도 다양하게 경험해 보았다. 아버지를 죽이겠다며 형과 살인 계획을 세우고 하나하나 실행에 옮기려는 두 청소년 형제들을 위로하며 죄를 막았던 일, 평소에 용돈도 주고 술도 잘 사 주는 친한 형들의 심부름이 알고 봤더니 마약에 관한 것이라 법의 처분을 받고 소년원으로 가는 녀석을 눈물로 보냈던 일, 임신했다며 와서 울며불며 이야기하는 두 녀석과 그런 녀석들을 달래는 나를 이상하게 쳐다보았던 식당의 모든 손님들, 그리고 신문, 방송, 온갖 인터넷에 등장해 대한민국 사회에서 이슈화가 될 만큼 심각한 중죄를 저질렀던 가해 청소년들과 피해 청소년을 상담해 주며 받았던 충격들…. 영화에서도 보기 힘들 법한 여러 상황과 이야기들이 내 삶의 영역에서 실제로 일어나는 일이었고, 그렇게 절망이 가득한 곳에서 나는 '내게 맡기신 사명'이라는 이 사명감 하나로 버티려고 부단히 노력해 왔다. 하지만 버티긴 버티나 사명을 감당함에 있어서 기쁨이나 행복, 감사함은 어디에서도 찾아볼 수 없게 된 내 자신을 발견하게 되었다. 힘들고 절망적인 곳에서 계속 쏟아 부어 주어야만 하는 이 사역은 내게 "밑 빠진 독에 물 붓기"였다. 그런 삶의 현장 가운데 하나님은 내게 당신의 시선과 마음을 심어 주시기 시작했다.

위기 청소년들과 함께 살다 보면 구태여 말로 어려움을 표현하지 않아도, 녀석들의 모습만으로도 마음이 아프고 안타까울 때가 참 많다. 그중에서 가장 마음이 아프고 애타는 것은 아이들의 자해 장면을 목격하거나, 혹은 팔뚝이나 허벅지에 깊게 새겨진 자해의 흔적들을 보게 될 때다. 자해가 참 마음 아픈 이유는, 대부분이 살아온 환경에 의해서 오랫동안 축적되어진 상처의 표출이라는 것이다.

처음 자해하는 아이를 만났을 때의 충격이 떠오른다. 무더운 여름날, 살기 위해서 집을 나와 이곳저곳 떠돌이 생활을 하는 녀석들을 전부 이끌고 함께 계곡으로 놀러 갔다. 여름이면 대개 아이들의 노출이 심해지는데, 특히 바다나 계곡으로 물놀이를 갈 때면 녀석들의 노출 강도는 훨씬 더 심해졌다. 어린 나이임에도 성적으로 너무 오픈되어 있는지라 아이들이 심하게 노출할 때면 나는 특별히 더 민감해진다. 아니나 다를까, 벗고 온 것인지 입고 온 것인지 모를 녀석들 사이, 유독 긴 바지와 긴 티셔츠를 입고 온 녀석이 있었다. 녀석은 놀러 가는 그날 처음 만난 아이였다. 나를 아빠라고 부르는 딸 녀석의 친구였는데, 마음이 많이 아픈 친구라 같이 놀러가도 되냐는 질문에 무조건 데리고 오라고 했었다. 녀석은 뭔가 조금 독특했다. 조금 희한하기도 한 녀석을 나는 대수롭지 않게 '살이 타지 않기 위해서 긴 옷을 입고 온 좀 별스러운 녀석'으로만 여겼다. 그러고는 도착한 계곡. 역시나 누구의 눈치도 보지 않고 무 개념으로 노는 녀석들 덕에 나도 생각을 놓고는 열심히 놀았다. 그리고 해가 떨어져 이제 다시 돌아가려는 찰나, 긴 옷을 입고 온 별스러운 녀석이 갑자기 나에게 이야기를 했다.

"저, 쌤. 저 급하게 따라와서 갈아입을 옷이 없는데 어떻게 해요?"

나는 녀석에게 계곡에 오면서 옷도 안 가지고 왔다고 툴툴거리고는 제법 멀리 떨어진 종합 마트에 가서 녀석이 입을 속옷과 반팔, 반바지를 샀다. 그러고는 녀석에게 건네주었는데, 녀석이 그것을 보고는 고민이 됐는지 쭈뼛대며 말했다.

"쌤, 저보고 놀라시면 안 돼요."

나는 또 몸에 문신이 좀 있겠거니 싶어서 "야, 너 같은 애들 많으니까 걱정하지 말고 빨리 갈아입고 나와" 하며 녀석을 재촉했다. 그리고 잠시 후 옷을 갈아입고 나온 아이를 마주했다. 반팔과 반바지에 드러난 것은 문신이 아니라 제법 많이 그어진 줄들이었다. 양 팔과 양 다리에 많고 깊게 패인 흔적들, 그중에는 아문 지 얼마 안 된 칼자국들도 가득했다. 녀석에게 티를 내면 큰 실례일까 싶어 대수롭지 않게 "차 빨리 타, 인마" 하고 이야기했지만, 그때의 그 충격과 녀석을 향한 나의 슬픔은 굉장히 큰 기억으로 자리를 잡았다.

이후 녀석과 나는 친해졌고, 새벽에 거리에서 고기를 먹을 때마다 녀석은 항상 참석했다. 그리고 시간이 지나자 비슷한 상처를 가진 친구들을 데려오기 시작했다. 녀석이 데려온 친구들은 성매매 출신 아이부터 해체된 가정에서 태어나 거리에서 자란 아이, 오랫동안 교회를 다녔던 아이와 표면적으로는 정상적인 가정에서 자라난 것처럼 보이는 아이 등 살아온 배경은 다양했지만 '자해'라는 같은 아픔에 처한 청소년들이었다. 비록 나는 전문 상담사도 아니고 전문 심리 치료사도 아니지만, 녀석들에 의해 이 시대에 적지 않은 다음세대들이 자해를 한다는 것을 현장에서 직접 알게 되었다.

나는 녀석들을 이해하기 위해 녀석들을 하나씩 알아 갔다. 그리고 그러한 아픔을 끊게 하기 위해 정말 부단히 노력해 왔다. 그러면서 자해를 습관적으로 하는 아이들에 대해 알게 된 몇 가지 놀라운 사실들이 있었다.

첫째, 감정을 표현할 수 없는 상황이나 환경 속에서 자신의 감정(아픔, 어려움, 고통, 외로움 등)이 축적되었음에도 표현하지 못할 때 상당수의 아이들이 자해를 했다.

둘째, 반대로 '너희는 하지 못하는 것을 나는 한다'라는 알 수 없는 우월감에 의해 자해를 하는 아이들도 상당히 많았다. 그 대표적인 예가 자해하는 아이들 중 상당수가 SNS에 자신이 자해한 사진을 올린다는 것이다. 이는 타인에게 관심을 끌고 싶어 하는 하나의 수단으로 작용하는 것 같다.

셋째, 극도로 높은 스트레스에서 분개할 때 협박을 위한 도구로 자해를 했던 아이들도 종종 봤다. 특별히 가정에서 부모나 양육권자에게 본인의 억울함이나 화남을 드러내는 도구로 자해를 하는 경우도 있었다.

마지막으로, 극도의 자기 비하의 표현이었다. 자해하는 아이들에게 "넌 왜 자꾸 그렇게 스스로를 학대하니?" 하고 물어보면 정말 많은 수의 아이들이 "피가 나오는 것을 보면 시원하다"라고 이야기했다. 처음에는 잘 이해되지 않았다. 그러나 많은 아이들을 만나 본 결과 이는 결국 스스로 하는 자기 비하의 일종이었다. 실제 지속적으로 자해를 하는 사람들의 경우 통증보다는 일종의 쾌감이 나타난다고 하니, 중독적인 현상으로 나타날 수도 있겠다고 이해되어졌다.

어찌 되었든, 자해하는 녀석들이 자해를 끊게 하기란 굉장히 어려운 일이었다. 끊게 하기 위해서 전문 기관에 상담도 맡겨 보고, 녀석들을 끼고 살다시피 하며 관심도 주었지만, 도리어 내 앞에서 보란 듯이 자해를 했던 아이도 있었고, 본인 스스로도 끊고 싶은데 안 된다며 고백하는 녀석들도 있었다. 아이들의 부모님 중 한 분은 자신의 아이가 자해하는 이유가 전부 나 때문이라며 나를 공격했고, 그 밖에 대부분 아이들의 보호자들은 단순히 정신과 약을 투여해서 자해를 잠재우려 했다. 그들과도 참 많은 이야기를 했던 것 같다. 그러는 사이에 나 역시도 많은 자극들에 노출되었는지, 어느 순간부터 약간의 공황 증상이 시작되었다. 그렇게 되다 보니 정말 도저히 소망이 보이지 않게 되었다.

주위의 나를 사랑하고 아끼는 사람들은 하나같이 좀 쉬어야 된다고 이야기했다. 그러나 내가 쉬면 당장 이 녀석들은 어떻게 할 것인가? 분명 내가 없는 사이 더 큰 죄와 아픔으로 들어갈 것이다. 그것을 생각하니 쉬지도 못하고, 사명감 하나 가지고 버티며 할 수 있는 것은 기도뿐이라 한숨 쉬듯 기도만 했었다. 소망이 보이지 않는다고, 나도 녀석들도, 녀석들의 부모도, 환경도 도저히 소망이 보이지 않는데 이것을 어떻게 하면 좋겠냐고 한참을 혼잣말하듯 기도하는데, 문득 지치고 서러움 가득한 그 기도를 하나님은 소망으로 응답하셨다.

"내가 너와 함께한다."

마음속에 선명하게 울려 퍼지는 응답이 내겐 놀랍도록 큰 위로와 깨달음으로 다가왔다. 나의 시선으로는 지금의 삶에 소망이 없지만, "내가 너와 함께한다"고 말씀하신 그분의 시선으로는 그분과 함께하는 것 자체가 무엇보다 큰 소망인 것이다. 그리 생각하니 다른 시각이 보이기 시작했다. 늘 했던 고백이지만 돌이켜 생각해 보니 녀석들은 소망이 없는 것이 아니라 예수가 없었던 것이었다. 이 말은 여전히 녀석들이 예수를 믿기 시작하면, 녀석들의 환경 가운데 예수님이 개입하신다면 그 모든 것이 놀랍도록 변한다는 것을 의미하기도 했다. 녀석들의 행동이 고쳐지는 것, 혹은 중독의 치료에 소망을 두니 소망이 보이지 않았는데, 예수님에게 소망을 두니 그 어떤 상황에서도 소망이 보이기 시작했다. 그러자 기쁨과 더불어 놀랍게도 감사가 나오기 시작했다. 또한 녀석들을 대하는 나의 자세가 사뭇 바뀌기 시작했다.

"나쁜 기억을 해결하려 하지 말고, 좋은 기억을 그보다 더 많이 남겨 주자. 그리고 녀석들이 가지고 있는 그 상처와 나쁜 기억들도 언젠가는 하나님이 사용하실 큰 힘이 될 것이라 고백하자."

자해를 하며 힘들어하는 녀석들을 타박하지 않고, 더 함께 놀고, 더 좋은 것을 보여 주고, 더 행복한 추억을 만들어 주기 위해 노력했다. 그리고 끊임없이 이야기했다. 예수님이 만드실 녀석들의 완성된 모습과 언젠가는 그 아이들의 아팠던 상처들로 이루어 갈 하나님 나라에 대해서 말이다. 자해를 심하게 했던 한 녀석은 현재 우리 교회의 리더가 되어 있다.

오늘도 나는 여전히 아픈 상처를 가지고 죄악 속에서 구르는 녀석을 만나면 동일하게 이야기한다.

"너 하나님이 진짜 엄청 귀하게 사용하시겠구나? 너 지금까지 진짜 고생했다. 이제 주님이 너를 책임지실 거야."

소망 없이 감당하는 사명, 소망 없이 흘리는 눈물은 밑 빠진 독에 물 붓기가 되었지만, 소망을 바라보며 감당하는 사명과 눈물은 밑 빠진 독에 물 붓기가 아니라, 마른 땅에 씨를 심고 붓는 물이 되었다. 그리고 자라나게 하실 하나님을, 그때를 기쁨으로 기대할 수 있게 되었다.

> "나는 심었고 아볼로는 물을 주었으되 오직 하나님께서 자라나게 하셨나니 그런즉 심는 이나 물주는 이는 아무것도 아니로되 오직 자라게 하시는 이는 하나님뿐이니라 심는 이와 물주는 이는 한 가지이나 각각 자기가 일한 대로 자기의 상을 받으리라"(고전 3:6-8).

기억했으면 좋겠다. 소망이 없는 것이 아니라 예수가 없는 것을. 우리의 '트라우마'(trauma)는 예수라는 '케리그마'(kerygma)를 만나면 그리스도의 '스티그마'(stigma)가 될 것이다.

가족들과 함께 마트에 간다. 장을 보고 이런저런 살림살이 물품들을 사는데 저 멀리 장난감 코너가 보인다. 장난감 코너가 보이자마자 막내아들은 그곳을 향해 빠른 속도로 달려간다. 그러고는 한참을 보다가 마음에 드는 장난감이 있었는지 떼를 쓰며 사 달라고 조르기 시작한다.

무심한 듯 안 된다고 이야기하며 넘기지만, 하루 종일 마음이 쓰인다. 사 달라고 했던 아들의 장난감이 계속 떠오르면서 꺼림칙함이 떠나지를 않는다. 결국에는 그다음 날 조르던 장난감을 사 와 아들에게 주었다. 받고는 어쩔 줄 몰라 하며 좋아하던 그 환한 웃음 때문에 '장난감 사길 잘했다'라는 생각을 하게 되었다. 이것은 사랑할 때만 나올 수 있는 바보 같은 현상이리라.

이번 양떼 계곡 여행도 딱 그 마음이었다. 몸도 많이 지쳐 있고, 재정도 너무 여유가 없어 힘들었다. 딱히 가려던 계획이 있었던 것도 아닌데 아이들이 조르고 졸라 어쩔 수 없이 하루 만에 계획을 잡은 것이었다. 심지어 녀석들과 계곡을 간 날은 여름 휴가철 마지막 토요일, 교통 체증이 가장 심할 때다. 차가 너무 막혀서 한 시간 반 거리를 근 네 시간 만에 도착했고, 해가 전부 사라질 때까지 놀다가 저녁 8시 30분쯤 되어서야 서울로 출발했다.

인원은 스물다섯 명, 구워 먹은 고기의 양은 돼지고기 15킬로그램. 이것이 얼마나 많은 양인지 예전에 고깃집 아르바이트를 했던 녀석에게 물어보니 식당 기준으로 75인분이라고 이야기한다. 나는 물 한번 들어가지 못하고 근 여섯 시간 동안 숯불에 고기만 구워 대다가 운전해서 돌아온 것이었다. 나를 비롯해 함께한 전도사님과 선생님들 또한 마찬가지. 물에는 들어가 보지도 못하고 잡일만 해야 했다.

노는 것도 정말 탁월한 녀석들. 놀면서 즐겁고 흥분되었던지 목소리가 높아진다. 온몸에 문신이 가득한 녀석들이 계곡에서 거의 난장판으로 놀아 대자 함께 인근에 있던 가족 단위의 피서객들이 하나둘씩 물에서 나와 녀석들을 구경한다. 어찌나 미안하던지, 아니나 다를까 그 모습을 본 술 취한 아저씨가 와서 아이들에게 시비를 건다. 아이들의 분위기도 잠시 험악해지고, 나 역시 죄송하다고 사과를 하며 보내는 심정이 썩 좋지만은 않다. 여러 모로 참 손해가 큰 날이었다.

하지만 그러다가도 광기에 가깝게 놀고먹고 즐거워하며 웃는 녀석들을 보니 '그래도 참 오길 잘했다'는 생각이 든다. 녀석들의 그 환한 웃음과 기쁨이 이 모든 손해를 뛰어넘게 하는 것이었다. 사랑할 때만 나올 수 있는 바보 같은 현상, 오늘도 나는 사랑하고 있나 보다.

주님은 많은 상황 속에서 우리 눈에 안대를 씌우고는 길을 가라 하신다. 그 속에서 보이지 않고 답답한 나는 늘 주님에게 묻는다.

"왜 눈을 가리고 길을 가게 하십니까? 안대를 벗고 길이 좀 보이면, 혹은 내가 가는 길을 좀 알면 더 효율적으로 갈 수 있는데, 더 빨리 갈 수 있는데 왜 자꾸 눈을 가리면서 길을 가게 하십니까?"

그러나 그럴 때마다 주님은 안대를 다시 씌우며 말씀하신다.

"그 길을 걸으라."

이제 와 조금 알아 가는 것이 있다. 돌이켜 보면, 사실 우리 삶에서 길을 어떻게 가느냐는 그다지 중요하지 않았다. 빠르게 가는 것도, 넘어지지 않고 가는 것도, 심지어는 어디로 가는지도 그렇게 중요한 문제가 아니었다. 결국 중요한 것은 내가 얼마나 주님을 신뢰하는가, 전적으로 주님을 의지하고 완전히 믿어서 보이지 않음에도 걸을 수 있는가, 오늘 하루, 지금 나의 손에 주님의 손이 붙잡혀 있는가 하는 문제였다.

지금 동일하게 우리의 눈에는 안대가 있다. 아무것도 보이지 않고, 무엇이 될지도 모르며, 우리 삶의 한 발자국도 우리는 알지 못한다. 불확실한 미래와 어둠같이 컴컴한 내 지금의 상황에 답답하고 때로는 무서워할 수 있다. 그러나 주님은 여전히 동일하게 말씀하신다.

"그 길을 걸으라."

우리가 매일 주님과 함께한다면, 돌 뿌리에 걸려 넘어져도 일으키실 것이고, 보이지 않아도 사망의 늪을 피하게 하실 것이다. 그리고 우리의 목적지 또한 주님이 함께 예비하실 것이다. 이제 그 길로 우리를 초대하신다.